Spiritualité Pratique

Selon

Les Pères du Désert

Par : Père Athanasius Iskander

Monastère copte orthodoxe Saint Shenouda
Putty, Nouvelle-Galles du Sud, Australie

Copyright © 2005 par le Père Athanasius Iskander
Tous droits réservés.

Titre : Spiritualité pratique selon les Pères du désert
Auteur : Père Athanase Iskander
Email: athanas@sympatico.ca

Première édition 2005

Publié par : Église copte orthodoxe Sainte-Marie
Kitchener, Ontario, Canada
www.stmarycoptorthodox.org

Deuxième édition 2023

Publié par : Monastère copte orthodoxe Saint Shenouda
8419 Putty Rd Putty, N.S.W. 2330
Sydney, Australie
ISBN: 978-0-6457704-3-8

Conception de la couverture : Marie Khairy
Illustration de la couverture :
Un moine solitaire marchant vers sa grotte
dans le désert oriental égyptien

La deuxième édition a été publiée avec l'aimable autorisation
de Père Athanase Iskander

TABLE DES MATIÈRES

INTRODUCTION 5

CHAPITRE UN: *Discipline de l'esprit* 12

CHAPITRE DEUX: *Discipline de la volonté* 24

CHAPITRE TROIS: *Discipline des sens* 34

CHAPITRE QUATRE: *Discipline de la mémoire et de l'imagination* 55

CHAPITRE CINQ: *Péchés présomptueux* 64

CHAPITRE SIX: *La Poursuite des Vertus* 76

CHAPITRE SEPT: *Douceur* 87

CHAPITRE HUIT: *Chasteté* 95

CHAPITRE NEUF: *Le discernement* 112

INTRODUCTION

Le Livre de la Genèse nous dit que l'homme a été créé à l'image de Dieu. C'est pour cette raison que l'homme a une tendance naturelle à chercher Dieu, à l'image de qui il a été créé.

L'homme a également été créé à la ressemblance de Dieu. Cela signifie (entre autres) à la ressemblance de la bonté de Dieu. Cela signifie que l'homme a été créé avec la tendance à être bon, à l'image de Dieu lui-même, l'auteur de la bonté. Cette force intrinsèque qui pousse l'homme à être bon est parfois appelée "la loi naturelle" (Romains 2 : 14).

Lorsque Adam et Eve sont tombés, la nature humaine a été déchue.

Le péché a été introduit dans la nature humaine. Le péché a provoqué des changements significatifs (pour le pire) dans la volonté et l'intellect (l'esprit) de l'homme. La volonté qui avait été créée avec une affinité pour la recherche de Dieu est devenue corrompue. Le péché a introduit l'égoïsme dans la volonté de l'homme. Cela a conduit à une dualité de la volonté, une volonté supérieure, qui cherche toujours Dieu, et une volonté inférieure qui cherche à satisfaire soi-même.

Le péché a également corrompu l'esprit humain, introduisant « une autre loi du péché » (Romains 7 : 23) qui lutte contre la loi naturelle de la bonté. Cela a conduit à une situation frustrante que Saint Paul décrit très bien dans Romains 7 : 18-19 : « Car je sais qu'en moi (c'est-à-dire dans ma chair) rien de bon ne demeure ; car le vouloir est présent en moi, mais comment accomplir ce qui est bon, je ne le trouve pas. Car le bien que je veux faire, je ne le fais pas ; mais le mal que je ne veux pas faire, je le pratique. »

Lorsque notre Seigneur s'est incarné, et a pris sur lui la chair de notre faiblesse, unissant sa divinité à notre humanité, il a élevé la nature humaine déchue à son état originel, l'état de l'image et de la ressemblance de lui. Et lorsqu'il est mort sur la croix, il a mis fin à la domination du péché sur la nature humaine. Notre Seigneur nous a donné la possibilité de lutter pour retrouver notre nature originelle, en participant à sa victoire sur le péché et la mort par le baptême saint.

Nés de nouveau dans le baptême, nous recevons le Saint-Esprit qui habite en nous, et qui agit en nous (et avec nous) par la grâce et nous aide dans la lutte de toute une vie pour restaurer notre nature à la ressemblance de Dieu une fois de plus. « Soyez donc parfaits, comme votre Père céleste est parfait. » C'est ce que le Seigneur nous dit dans Matthieu 5 : 48. Ayant renouvelé en nous par le baptême, et nous ayant sanctifiés par le Saint-Esprit, le Seigneur nous encourage à chercher la perfection, même la perfection de notre Père qui est dans le ciel. C'est le véritable sens de la reconquête de notre ressemblance à Dieu, et le but ultime de la restauration de notre nature ; la perfection chrétienne. La récompense pour cela est notre retour au Paradis, d'où nous avons été chassés lorsque nous avons perdu cette perfection divine.

La Bible nous dit, en d'autres termes, ce que nous devons faire pour atteindre cette perfection. Lorsqu'un jeune homme est venu à notre Seigneur en lui demandant : « Quelle bonne chose dois-je faire pour avoir la vie éternelle ? » (Matthieu 19 : 16) Le Seigneur lui a répondu : « Respecte les commandements... Tu ne tueras point, tu ne commettras point d'adultère, tu ne voleras point, tu ne porteras point de faux témoignage, honore ton père et ta mère, et, tu aimeras ton prochain comme toi-même. » (Matthieu 19 : 17-19) Lorsque l'homme a dit au Seigneur qu'il avait déjà respecté tous ces commandements, le Seigneur lui a dit : « Si tu veux être parfait, va, vends ce que tu as et donne-le aux pauvres, et tu auras un trésor dans le ciel ; puis viens, suis-moi. » (Matthieu 19 :21) Par cela, le Seigneur disait à ce jeune homme que la perfection de la loi, ou ceux qui pensent qu'ils respectent la loi (de Moïse), comme les pharisiens, ne peuvent atteindre le Royaume Céleste que notre Seigneur a promis à ceux qui atteignent la véritable perfection chrétienne, un niveau de perfection que le jeune homme n'était pas prêt à atteindre.

Bien que la Bible nous dise CE que nous devons faire pour atteindre la perfection (et mériter la Vie Éternelle), elle ne nous dit pas COMMENT atteindre la perfection. Elle le laisse à chacun d'entre nous. « Travaille à ton salut avec crainte et tremblement » est ce que Saint Paul nous dit dans Philippiens 2 : 12. Il est assez évident à partir de cela, que « Travailler » est une partie essentielle de ce processus de salut, selon la Bible. Mais, dans ce travail, nous ne sommes pas seuls, nous avons un allié très puissant dans la grâce de Dieu, qui agit en nous et avec nous par le Saint-Esprit qui habite en nous.

Dans les premières années de l'Église, les chrétiens cherchaient à travailler à leur propre salut en offrant le sacrifice ultime ; le martyre. Pendant les trois premiers siècles, dix grandes persécutions ont donné à des millions de chrétiens la chance de s'efforcer vers la perfection. Verser son sang pour la cause du Christ est devenu l'idéal du travail à son propre salut.

Lorsque Constantin est devenu empereur et a publié son édit de tolérance du christianisme (313 après Jésus-Christ), les chrétiens ont dû trouver une autre façon de travailler à leur propre salut. Beaucoup cherchaient leur propre salut dans le désert. Incapables de verser leur sang pour la cause du Christ, ils cherchaient à lui offrir leurs vies.

La chose étonnante à propos des citations des Pères du Désert est leur accord. Alors que certains vivaient dans le désert oriental, d'autres dans le désert occidental (désert de Scété) et d'autres encore en Haute-Égypte, ils sont arrivés aux mêmes conclusions. C'est cette unanimité d'opinion qui est le plus frappant à propos de leurs citations. Les différences ne résident que dans la technique. Les deux caractéristiques les plus importantes de la spiritualité des Pères du Désert sont les suivantes :

La première est leur insistance sur le fait d'être disciple. Quiconque cherchait à apprendre l'art de la spiritualité devait se lier à un "maître". Ce n'était pas une tâche facile, car ces "maîtres" avaient des "examens d'entrée" très rigoureux pour les candidats. Saint Pacôme a été laissé à mendier pendant trois jours devant la porte de la cellule de Saint Palaemon avant d'être accepté comme apprenti ! Les livres sur ces grands saints disent généralement qu'il a "suivi la formation d'Abba …"

Bien sûr, il y avait des pionniers comme Saint Paul l'Ermite, Saint Antoine le père du Monachisme ou encore Saint Macaire le Grand ; des hommes qui ont posé les premières bases de cette science, et qui sont devenus les fondateurs de cette université pour l'étude de la spiritualité.

La seconde règle importante était l'évitement total de compter sur soi-même. L'apprenti devait offrir une obéissance complète et aveugle au "maître" qui assumait la responsabilité totale de la formation du novice. Les maîtres testaient l'obéissance de leurs disciples de bien des façons qui nous sembleraient absurdes ! Comme le maître qui a donné à son disciple un bâton et lui a ordonné de l'arroser ! Bien sûr, l'obéissance n'était pas vaine, car après trois ans, le bâton a commencé à bourgeonner et à produire des fruits ! Un autre novice, lorsqu'il s'est plaint qu'il y avait une hyène à proximité, s'est vu dire par son maître : attrape-la et apporte-la moi. Dans une foi aveugle, il a poursuivi l'hyène et l'a ramenée au maître seulement pour qu'il lui dise : "Ramène-la, je t'ai dit d'apporter une hyène et non un chien !"

Ceux qui ont suivi fidèlement ces règles, ont terminé leur formation pour devenir à leur tour des maîtres, enseignant à d'autres ce qu'ils avaient appris de leurs maîtres. Un fil conducteur, à travers les citations des Pères du Désert, et des déclarations comme celle-ci : "Abba … a dit que le bienheureux Abba … avait l'habitude de lui dire …" Un disciple propageait les citations de son maître et non les siens. Plus tard, ses disciples propageront ses propres citations, et ainsi de suite.

Aussi fascinants soient-ils, les citations des Pères du Désert ne conviennent pas à tout le monde. Saint Paul dit aux Corinthiens dans 1 Corinthiens 3 : 2,

« Je vous ai nourris de lait, non de nourriture solide, car jusqu'à maintenant vous n'en étiez pas capables, et même maintenant vous ne l'êtes toujours pas »

Pour les débutants, utiliser ces citations est comme donner de la nourriture d'adulte à un bébé.

Il existe de nombreux livres écrits sur la spiritualité, basés sur les citations des Pères du Désert. Le livre de Jean Climaque "L'Échelle de l'Ascension Divine" et les deux livres de Jean Cassien "Les Institutions" et "Les Conférences" sont des exemples de tels livres.

Un abbé orthodoxe russe du XVIe siècle nommé Théophane le Reclus a apporté une contribution significative à la spiritualité en regroupant beaucoup des citations des Pères du Désert sous certains titres, et en ajoutant ses propres commentaires personnels sur comment mettre en œuvre leurs instructions et imiter leur mode de vie. Là encore, c'est un livre écrit par un moine pour des moines.

"La Voie des Ascètes" est une exception à ce qui précède.

Il a été écrit par un chrétien orthodoxe marié vivant en Europe (en Finlande) dans la première moitié du XXe siècle. C'est un merveilleux livre qui applique les méthodes des Pères du Désert à des personnes ordinaires vivant dans le monde.

C'est un livre que je recommande à toute personne cherchant à travailler sur son propre salut.

Cependant, comme tout le monde le sait, la vie au milieu du XXe siècle est très différente de la vie au XXIe siècle. Les mœurs sont différentes et les défis sont différents. Le monde change pour le pire au quotidien.

Nous devons emprunter les méthodes et techniques des Pères du Désert et les appliquer aux luttes rencontrées par les jeunes orthodoxes vivant au XXIe siècle.

Cette brochure est une tentative dans cette direction. Elle est basée sur des sermons que j'ai donnés à la jeunesse de notre église à Kitchener, Ontario, pendant le Carême de 2001. La plupart d'entre eux ont été publiés plus tard dans notre périodique "Parousia". J'ai également découvert que l'audio de ces sermons est disponible sur Internet, sans doute le travail de certains de nos jeunes trop zélés !

Un mot d'avertissement à nos lecteurs : ce livre n'est pas destiné à être un "manuel de bricolage" pour la spiritualité. Alors, avant de commencer à appliquer ce qui est écrit, veuillez consulter votre père de confession. Certains des exercices peuvent ne pas vous convenir et, seul votre père de confession peut vous donner le bon conseil à cet égard.

La première étape dans la poursuite de la perfection chrétienne consiste à réaligner la volonté et l'esprit vers le retour à l'image et à la ressemblance de Dieu. Les chapitres un et deux traitent de cette discipline de l'esprit et de la volonté. Les trois chapitres suivants sont consacrés à la discipline morale ; la lutte contre les péchés. Les péchés des sens, les péchés de la mémoire et de l'imagination sont abordés, puis un chapitre est consacré aux péchés présomptueux ou au "péché caché". La dernière partie de la série traite de certaines des vertus essentielles nécessaires pour commencer le chemin de la perfection spirituelle.

Que le Seigneur utilise ce livre pour la gloire de Son Nom.

Père Athanase Iskander

Fête de la Présentation au Temple

Mechir 8, 1721

15 février 2005

CHAPITRE UN

Discipline de l'esprit

Protégez votre esprit des nuisances et des connaissances non profitables.

Si vous souhaitez avancer vers la perfection chrétienne, vous devez protéger votre esprit des informations qui ne servent pas à votre âme. Malheureusement, nous sommes à l'ère de l'information et des technologies de l'information et le monde nous offre comme jamais auparavant, une explosion d'informations par le biais de la télévision, des livres, des magazines, des journaux et, enfin et surtout, d'internet.

Mais cela conduit à ce que j'appelle la pollution de l'esprit par des informations inutiles. Aujourd'hui, nous avons des addicts à l'information, des personnes qui recherchent l'information, non pas pour améliorer leur efficacité au travail, mais pour l'information elle-même.

Saint Paul écrivait dans 1 Corinthiens 2 : 2 « Car j'ai résolu de ne rien savoir parmi vous, sauf Jésus-Christ, lui le crucifié. » C'est la seule connaissance qui intéresse saint Paul, Jésus et sa crucifixion vivifiante.

Ecclésiaste 1 : 18 « Car avec beaucoup de sagesse on a beaucoup de chagrin, et celui qui augmente sa science augmente sa douleur. »

Le premier exemple de connaissance non profitable est la surveillance excessive des nouvelles. Il est bon de savoir ce qui se passe dans le monde qui nous entoure, mais être obsédé par la connaissance de tous les moindres détails de quelque chose qui se passe ailleurs n'est pas profitable si vous recherchez la perfection chrétienne.

Les chaînes de télévision, répondant à l'appétit insatiable des gens pour les nouvelles, ont inventé la chaîne d'information 24 heures. Les chaînes de radio ont emboîté le pas !

Prenons un exemple, les débats du procès d'O. J. Simpson

ont été suivis par plus de personnes dans le monde que tout autre événement.

Je peux comprendre qu'on regarde un match de hockey par exemple, mais une procédure judiciaire ? Qu'est-ce que je pourrais bien en tirer ? Rien qui soit profitable à mon âme, mon esprit ou mon corps !

Laissez-moi vous parler d'un exercice que je fais pendant le carême, je refuse d'écouter les nouvelles à la radio, ou de lire des journaux ou des magazines. Bien sûr, nous avons convenu que la télévision ne sera pas opérationnelle pendant le carême. Croyez-moi, je ne rate rien, au contraire mon esprit est libéré de la pollution informationnelle, et j'ai l'impression qu'il fonctionne mieux.

On nous raconte l'histoire d'un moine qui était assis en train de bavarder avec d'autres moines, puis se rendit dans sa cellule. Un autre moine l'a vu faire le tour de sa cellule plusieurs fois, alors il lui a demandé ce qu'il faisait. "Je vide mon esprit de toutes les paroles mondaines que nous venons d'avoir car je n'ai pas envie de m'occuper avec cela une fois entré"

Le deuxième exemple de connaissance non profitable est la curiosité vaine. Chercher des informations sur de nombreuses choses dans le seul but d'acquérir des connaissances ! Comment cela peut-il me blesser ? Eh bien, les Pères disent que cette surabondance de connaissances générales m'amène à penser que j'en sais plus que les autres et cela conduit à l'orgueil et à l'arrogance.

Cela conduit aussi à la loquacité, car je veux faire étalage de mes connaissances devant les autres. Théophane le Reclus nous dit qu'en fin de compte notre esprit devient une idole que nous adorons. Nous devenons finalement opiniâtres, refusons de consulter ou acceptons des conseils, puisque nous savons tout ! C'est l'orgueil de l'esprit qui nous amène à dépendre de nous-même en matière spirituelle, ce qui est très dangereux.

Si vous voulez suivre la perfection chrétienne, vous devez sevrer votre esprit de cette dépendance à la connaissance.

Saint Paul dit, dans 1 Corinthiens 3 : 18-19 « Que nul ne s'abuse lui-même : si quelqu'un parmi vous pense être sage selon ce siècle, qu'il devienne fou, afin de devenir sage. Car la sagesse de ce monde est une folie devant Dieu. »

Aussi est-il écrit : « Il prend les sages dans leur ruse... »

La sagesse spirituelle et la sagesse mondaine ne vont pas de pair. Les gens qui recherchent la sagesse de ce monde de manière excessive deviennent souvent athées. Gonflés par leurs propres esprits vaniteux, ils renient Dieu qui a créé leurs esprits. De ceux-ci, Saint Paul dit, dans 1 Timothée 6 : 20-21

« O Timothée, garde le dépôt, en évitant les discours vains et profanes, et les disputes de la fausse science dont font profession quelques-uns, qui se sont ainsi détournés de la foi. Que la grâce soit avec vous ! »

Dans le Psaume 73 : 22-24 : « J'étais stupide et sans intelligence, J'étais à ton égard comme les bêtes.

Cependant je suis toujours avec toi, Tu m'as saisi la main droite ;

Tu me conduiras par ton conseil, Puis tu me recevras dans la gloire. »

C'est le sens de devenir insensé pour être sage. Si vous déclarez votre folie devant Dieu, il vous tiendra la main droite, vous guidera par son conseil et vous recevra ensuite dans la gloire.

La curiosité fit périr la femme de Lot. Et le Seigneur nous donne le même exemple en nous avertissant de la curiosité au temps de l'Antéchrist.

Dans Matthieu 24 : 15-18 : « C'est pourquoi, lorsque vous verrez l'abomination de la désolation, dont a parlé le prophète Daniel, établie en lieu saint, que celui qui lit fasse attention !

alors, que ceux qui seront en Judée fuient dans les montagnes ; que celui qui sera sur le toit ne descende pas pour prendre ce qui est dans sa maison ; et que celui qui sera dans les champs ne retourne pas en arrière pour prendre son manteau. »

Cela signifie qu'il faut à tout prix éviter de rencontrer, de voir ou d'entendre l'Antéchrist, il faut le fuir à tout prix. Les gens avec une très forte curiosité qui veulent juste jeter un coup d'œil, périront tout comme la femme de Lot.

Luc 17 : 31-32 nous dit la même chose et nous avertit de ne pas tomber dans l'erreur de la femme de Lot. « En ce jour-là, celui qui sera sur le toit, et ses affaires dans la maison, qu'il ne descende pas pour les emporter ; et celui qui est dans les champs, qu'il ne revienne pas non plus en arrière. Souvenez-vous de la femme de Lot. »

A notre époque, il vaut mieux refréner toute curiosité de regarder la télévision, écouter la radio, aller à ses « réunions de réveil » ou toute curiosité de savoir quoi que ce soit. Saint Jean Chrysostome nous avertit : " Il n'a pas dit : " Va et ne crois pas ", mais : " Ne sors pas et ne t'en vas pas. " Car grande sera alors la tromperie, parce que même des miracles trompeurs s'accomplissent. "

Si vous ignorez ces avertissements et suivez votre curiosité, vous serez trompé et périrez. C'est pourquoi il est bon de s'exercer à jeûner de la télévision pendant le carême afin que, si le temps de l'Antéchrist arrive, nous puissions nous débarrasser complètement de notre télévision et garder les yeux fixés sur le ciel en attendant la venue du Seigneur sur les nuées pour nous rassembler auprès de lui.

Discipline de l'esprit

Un autre type de curiosité mortelle est la curiosité pour l'occultisme, la sorcellerie, les planches Ouija et autres, qui peuvent conduire à la possession démoniaque et au suicide ou au meurtre.

Jusqu'ici nous avons parlé de connaissances non profitables, parlons maintenant de connaissances nuisibles.

C'est l'obsession de savoir des choses sur les autres, ou ce que la Bible appelle être un fouineur.

1 Pierre 4 : 15 « Que nul de vous, en effet, ne souffre comme meurtrier, ou voleur, ou malfaiteur, ou comme s'ingérant dans les affaires d'autrui. »

L'obsession de connaître les affaires des autres est la racine des commérages. Le diable peut vous convaincre que vous voulez savoir ces choses pour pouvoir aider l'autre personne. Mais je peux prier pour un malade sans connaître le type de maladie dont il souffre. Je peux aider quelqu'un à emménager dans sa nouvelle maison sans se soucier du prix qu'il a payé pour la maison. Je peux féliciter quelqu'un pour son nouvel emploi sans lui demander quel est son salaire.

Les jeunes en particulier sont obsédés par la connaissance des « secrets » de leurs amis. Si tu ne me dis pas tes secrets, tu n'es pas mon ami. Ou, je te dirai mes secrets si tu me dis les tiens. C'est une connaissance néfaste et la Bible nous dit qu'être un fouineur est aussi mauvais qu'être un meurtrier ou un voleur.

Beaucoup de gens se plaignent auprès de moi que d'autres personnes veulent savoir des choses à leur sujet. Certaines personnes me disent même : « Je dois parfois mentir parce que je ne veux pas que les gens sachent mes affaires personnelles. Ma réponse est : "Ne mentez pas, dites simplement à ces gens, c'est personnel !" Et s'ils se fâchent et ne veulent plus vous parler, ne vous inquiétez pas car ils ne sont en aucun cas de vrais amis. Les vrais amis respectent la vie privée de leurs amis plutôt que d'insister pour connaître leurs secrets.

Plantez dans votre esprit la connaissance spirituelle:

Nous lisons tous la Bible et mémorisons des versets, mais implantons-nous ces principes spirituels que les versets contiennent dans nos esprits ? Dans Deutéronome 6 : 6-9, il nous est dit : « Et ces commandements, que je te donne aujourd'hui, seront dans ton cœur.

Tu les inculqueras à tes enfants, et tu en parleras quand tu seras dans ta maison, quand tu iras en voyage, quand tu te coucheras et quand tu te lèveras.

Tu les lieras comme un signe sur tes mains, et ils seront comme des fronteaux entre tes yeux.

Tu les écriras sur les poteaux de ta maison et sur tes portes. »

Cela signifie que nous devons assimiler ce que nous lisons dans la Bible et les imprimer dans nos cœurs et nos esprits, jusqu'à ce qu'ils fassent partie de notre processus de pensée.

Voici quelques exemples :

La Bible nous dit dans Luc 6 : 26 « Malheur à vous, quand tous diront du bien de vous ! » Et encore dans Luc 6 : 22-23, « Heureux serez-vous, quand les hommes vous haïront, et quand ils vous sépareront de leur compagnie, et vous outrageront, et rejetteront votre nom comme infâme, à cause du Fils de l'homme. Réjouissez-vous-en ce jour-là et tressaillez d'allégresse, car voici, votre récompense est grande dans les cieux. »

Selon ce qui est dit, être méprisé est plus béni qu'être loué.

Ai-je implanté dans mon esprit que lorsque les gens me louent, cela est dangereux pour ma perfection spirituelle, et lorsqu'ils me méprisent et disent faussement de mauvaises choses contre moi, je suis béni ?

Vous pouvez dire que c'est impossible, mais cela a été fait.

L'évêque Youannis se rendait tous les jeudis pour prêcher dans un village voisin. Comme il est d'usage en Égypte, il a dû partager un taxi avec d'autres personnes pour se rendre dans ce village. Il se trouve qu'un musulman fanatique avait l'habitude de prendre le même taxi à la même heure le jeudi, et dès que l'évêque Youannis entrait dans le taxi, il détournait la tête et crachait ! Cela a duré des années. Un jour, l'évêque est allé en taxi mais l'autre n'est pas venu. L'évêque Youannis s'est senti attristé dans son cœur et a commencé à se plaindre à Dieu : « Pourquoi m'as-tu privé de cette bénédiction Seigneur ? Est-ce à cause de mes nombreux péchés que tu as décidé que je ne méritais plus cette bénédiction ?

Un autre évêque, l'évêque Samuel, était un travailleur infatigable pour le Seigneur. Et comme fréquemment, il avait beaucoup d'ennemis, des gens qui le haïssaient et lui envoyaient des lettres très désagréables. Il gardait ces vilaines lettres dans un tiroir. Chaque fois qu'il se sentait découragé ou abattu, il ouvrait le dossier et commençait à lire les lettres désagréables et il se sentait à nouveau mieux car il voyait dans chaque insulte qu'il lisait dans ces lettres une bénédiction.

C'est ce que nous voulons dire en implantant dans nos cœurs, ce que nous lisons dans la Bible.

Les Pères ont appris très sérieusement à accepter les insultes et à rejeter les louanges.

Le livre du Paradis des Pères nous raconte deux histoires merveilleuses sur cette discipline de l'esprit.

Un Abba dit à un disciple novice, va insulter les morts ! Alors, par obéissance, il est allé au cimetière et a commencé à crier des insultes aux morts pendant toute une journée. Le lendemain, lui dit son Abba, va louer les morts. Il est allé au cimetière et a commencé à faire l'éloge des morts. Lorsqu'il revint le soir, son maître lui demanda : "Quand tu as insulté les morts, est-ce qu'ils l'ont ressenti ?" Il a dit « non. » Il lui demanda de nouveau : "Quand tu as loué les morts, l'ont-ils ressenti ?" Il a répondu : « Non ». Le vieil homme lui a dit : « Va et sois comme ça ».

L'autre histoire est celle d'un jeune homme issu d'une famille riche qui entra dans un monastère pour devenir moine. Son Abba lui dit : « Entraîne-toi à accepter les insultes avec joie ! Il regarda autour de lui, mais il n'y avait personne pour l'insulter dans le monastère. Alors, il est allé au village et a engagé un homme pour venir au monastère pour l'insulter, jusqu'à ce qu'il soit vraiment formé à accepter les insultes avec joie.

Un jour, il faisait une course dans la ville, avec les autres moines, lorsqu'un fou se mit à lui lancer des insultes et il se mit à rire ! Les autres moines lui ont demandé pourquoi il riait, et il leur a dit : « J'avais l'habitude de payer pour ça, maintenant je l'obtiens gratuitement ! »

La Bible nous dit dans 1 Jean 2 : 15 : « N'aimez pas le monde, ni les choses qui sont dans le monde. Si quelqu'un aime le monde, l'amour du Père n'est pas en lui » et encore dans Jacques 4 : 4, « Ne savez-vous pas que l'amitié du monde est inimitié contre Dieu ? Quiconque veut donc être ami du monde est ennemi de Dieu. »

Avons-nous implanté cela dans nos esprits ? Le chemin de la perfection est de mépriser le monde et toutes les choses du monde.

Saint Paul dit dans Philippiens 3 : 8 « Je compte toutes choses comme une perte pour l'excellence de la connaissance du Christ Jésus mon Seigneur : pour qui j'ai subi la perte de toutes choses, et je les compte comme de la boue, afin que je puisse gagner Christ. »

Saint Paul dit qu'il préfère tout perdre pour acquérir la connaissance du Christ, considérant toutes les choses du monde comme de la boue.

Comme des ordures ! Avez-vous implanté dans votre cœur que ce monde est une grande poubelle et que toutes les choses qu'il contient sont des ordures ?

Si je regarde encore une voiture et que je suis envoûté par l'admiration, cette voiture ne devient-elle pas une idole que je vénère ?

Je me souviens qu'un jour je conduisais un groupe de jeunes, revenant d'une activité, de Mississauga à Kitchener ; ils ne parlaient que de voitures.

Avez-vous déjà vu un de ces gros camions qui transportent les carcasses de voitures, aplaties en morceaux de métal sur le chemin de la décharge ? Ou avez-vous déjà vu une fourrière de voitures ? Ça a l'air moche.

Chaque fois que vous convoitez une voiture, dites-vous que dans quelques années, cette voiture sera un vilain morceau de métal posé dans un vilain dépotoir.

Entraînez votre esprit à mépriser les choses du monde et à convoiter la perfection spirituelle.

La Bible nous dit dans Proverbes 16 : 32 : « Celui qui est lent à la colère vaut mieux qu'un héros, Et celui qui est maître de lui-même, que celui qui prend des villes. »

Ai-je implanté dans mon esprit que le contrôle de ma colère est en fait une force et non une faiblesse ? Il est facile de répondre aux paroles de colère par des paroles de colère ou à l'agression par l'agression, c'est la voie facile, la voie des faibles. Mais contrôler sa colère et ne pas répondre de la même manière est la voie difficile, la voie du fort et du puissant.

Avez-vous implanté dans votre esprit que tendre l'autre joue n'est pas de la lâcheté mais plutôt du courage ?

Vous me dites que ce n'est pas possible, mais je vous dis que c'est possible.

C'est une histoire vraie qui s'est passée dans les années 1990.

Un moine se rendit au Caire pour effectuer les réparations nécessaires sur certains équipements appartenant au monastère. Dans l'une des rues étroites du Caire, la voiture qu'il conduisait a éraflé une autre voiture garée là. Il s'est renseigné sur le propriétaire, s'est excusé auprès de lui et lui a proposé de payer les réparations. Le propriétaire était un fanatique, qui a vu une chance d'exprimer sa haine envers les chrétiens, alors il a commencé à agresser verbalement le moine puis l'a giflé. Le moine tendit simplement l'autre joue. L'homme a été pris par surprise, il a commencé à pleurer et à s'excuser auprès du moine en lui disant :

« Ils nous disent que tu es mauvais, mais en réalité, tu es meilleur que nous ! »

L'homme a demandé au moine, ce qui l'amène au Caire, et quand il lui a parlé des réparations nécessaires, l'homme lui a dit qu'il avait une entreprise pour réparer ce genre d'équipements. Non seulement il a fait les réparations gratuitement, mais il a demandé au moine de lui promettre qu'à chaque fois qu'il aurait besoin de réparations, il n'irait nulle part ailleurs.

Saint Paul nous dit dans Philippiens 1 : 23 : « Je suis pressé des deux côtés : j'ai le désir de m'en aller et d'être avec Christ, ce qui de beaucoup est le meilleur » et encore dans Philippiens 1 : 21, « car Christ est ma vie, et la mort m'est un gain. »

Ai-je implanté dans mon esprit que la mort est en fait un gain et non une perte ? Et que partir et être avec le Christ est bien mieux ?

Ai-je entraîné mon esprit à convoiter ce qu'il n'a pas vu, ni oreille n'a entendu, ni n'est venu sur le cœur de l'homme ?

Ai-je la bonne compréhension spirituelle du vrai sens de la vie et de la mort ?

CHAPITRE DEUX

Discipline de la volonté

Saint Paul nous dit dans son Épitre aux Romains « Car je prends plaisir à la loi de Dieu, selon l'homme intérieur ; mais je vois dans mes membres une autre loi, qui lutte contre la loi de mon entendement, et qui me rend captif de la loi du péché, qui est dans mes membres. » (Romains 7 : 22-23)

Les Pères nous disent, que ces versets signifient que chacun parmi nous a deux volontés, une volonté supérieure, l'homme intérieur, qui cherche les choses qui sont d'en haut « cherchez les choses d'en haut, où Christ est assis à la droite de Dieu. » (Colossiens 3 : 1) et une volonté moindre, charnelle ou "la loi du péché", qui est dans nos membres, qui cherche les choses du monde et la chair. Ces deux volontés sont en guerre l'une contre l'autre, comme nous le dit Saint Paul dans Romains 7 : 23.

Malheureusement, la loi du péché est souvent victorieuse, mettant en captivité la volonté supérieure. Il va sans dire que la volonté charnelle, la volonté inférieure ou la loi du péché est sous la direction du diable, notre ennemi, et la volonté supérieure est sous la direction de la Grâce.

L'objectif de la perfection chrétienne est de renverser la situation et de faire passer la volonté charnelle en captivité à la volonté supérieure, un but difficile, même pour saint Paul lui-même qui se lamente sur cette difficulté en disant : « Misérable que je suis ! qui me délivrera du corps de cette mort ? » (Romains 7 : 24)

Le diable est si malin, que si nous réussissons même à soumettre la volonté inférieure à la volonté supérieure, il change de tactique, en essayant de corrompre la volonté supérieure, en la faisant fonctionner indépendamment de la Grâce, de sorte que même si nous faisons le bien, ce bien n'est pas conforme à la volonté de Dieu et est fait d'une manière qui ne lui plaît pas.

Même s'il échoue en cela, il essaie une autre stratégie, il plante l'orgueil et l'auto-justice dans nos cœurs, nous privant ainsi des récompenses de toute justice que nous pourrions avoir.

Je pense que nous réalisons maintenant, à quel point cette guerre est vicieuse. Et nous devons combattre jusqu'au dernier souffle « Vous n'avez pas encore résisté jusqu'au sang, en luttant contre le péché » (Hébreux 12 : 4)

Saint Paul nous rappelle également dans son épitre aux Éphésiens

« Car nous n'avons pas à lutter contre la chair et le sang, mais contre les dominations, contre les autorités, contre les princes de ce monde de ténèbres, contre les esprits méchants dans les lieux célestes. C'est pourquoi, prenez toutes les armes de Dieu, afin de pouvoir résister dans le mauvais jour, et tenir ferme après avoir tout surmonté. » (Éphésiens 6 : 12-13)

Saint Pierre nous conseille également en disant « Soyez sobres, veillez. Votre adversaire, le diable, rôde comme un lion rugissant, cherchant qui il dévorera. » (1 Pierre 5 : 8).

C'est une bataille difficile que nous devons mener et que nous sommes appelés à gagner. Vous pouvez dire que c'est très difficile. Eh bien, le Seigneur Jésus est d'accord à 100%, « Mais étroite est la porte, resserré le chemin qui mènent à la vie, et il y en a peu qui les trouvent. » (Matthieu 7 : 14)

La bonne nouvelle est que notre adversaire, Satan, le lion rugissant, ne peut pas forcer notre libre arbitre. Il n'agit que comme un vendeur intelligent qui essaie de nous vendre ses services. C'est à nous qu'il revient d'accepter ou de refuser le discours de vente.

Lorsque nous sommes arrivés au Canada, nous avons été trompés à maintes reprises par des vendeurs malins qui nous ont vendu beaucoup de choses qui se sont avérées sans valeur par la suite.

Mais avec l'expérience, nous avons appris à ne pas croire

tout ce qu'un vendeur nous dit. Avec tous ces vendeurs qui nous téléphonent aux moments les plus inopportuns et nous ennuient avec leurs promesses, nous avons appris à être fermes avec eux, à les couper court et à ne pas les laisser nous engager dans une discussion. Parfois, il faut être sévère pour se débarrasser d'eux.

Ces vendeurs utilisent plusieurs astuces afin de convaincre les personnes d'acheter.

Nous connaissons tous cette phrase : "Félicitations, vous venez de gagner un voyage gratuit pour la Jamaïque" ou une télévision etc.

Mais si vous êtes avisés, vous pouvez compromettre leur tromperie. Personnellement, je leur dis que c'est contre ma religion d'accepter n'importe quoi gratuitement et je raccroche ensuite.

C'est pareil avec le diable, il utilisera des astuces, des tours très rusés mais si vous insistez pour dire non, il ne peut rien faire. Il changera de tactique comme nous l'avons dit auparavant, mais vous pouvez remporter la victoire dans cette guerre si vous êtes sobres et vigilants comme nous le dit Saint Pierre.

Comment puis-je résister aux arguments de vente que le diable me lance toujours ?

La première chose à faire est de prier. Apportez votre faiblesse au Seigneur Jésus, dites la prière que nous avons apprise dans l'Agpeya dans la prière de la 11ème heure

« Si le juste n'est sauvé qu'à grand peine, que deviendrai-je, moi, le pécheur. Je n'ai pas supporté le poids du jour et sa chaleur à cause de ma faiblesse. » Criez avec saint Paul, en disant : « Qui me délivrera du corps de cette mort », sauf Toi, mon Seigneur.

Dites avec le psalmiste : "Aie pitié de moi, Seigneur, car je suis faible"

(Paumes 6 : 2). Le diable ne peut pas l'emporter sur quelqu'un qui reconnaît sa faiblesse devant le Seigneur.

La deuxième chose est d'apprendre à haïr le péché et le vendeur de péché, le diable. De la même façon que vous avez appris à haïr ces ennuyeux vendeurs qui interrompent votre dîner, apprenez à haïr le péché et le diable.

Rappelez-vous que le salaire du péché est la mort et que tôt ou tard, nous nous retrouverons tous devant le siège du jugement du Christ.

Répétez dans votre esprit les paroles de l'Agpeya

« Me voici sur le point de me retrouver devant le juge équitable, effrayé et craintif à cause de mes nombreux péchés »

La prière et le souvenir du Jour du Jugement sont vos lignes de défense.

Mais que puis-je faire lorsque l'ennemi attaque ?

Prenons un exemple : supposez qu'une personne vous maltraite verbalement. Immédiatement, le vendeur vient vous voir pour vous convaincre de défendre votre honneur et de ne pas laisser cet individu penser que vous êtes un lâche, et après tout, c'est lui qui a commencé et vous n'agissez que pour vous défendre.

Le discours de vente ne s'arrête jamais. Votre première réaction est de vous rendre compte qu'il s'agit d'un argument de vente satanique.

Dites-vous : " attends une minute, c'est un argument pour me vendre le péché de la colère et celui de la vengeance ".

Diagnostiquez le type de péché que l'on vous vend. Ensuite, arrêtez-le avant qu'il n'atteigne votre cœur et qu'il ne commence à éveiller vos émotions. Chassez-le en disant : "Éloigne-toi de moi, Satan". Ne pensez pas que le diable vous

Discipline de la volonté

écoutera et s'éloignera de vous, il vous ramènera cette pensée dès que vous l'aurez chassée.

C'est là que les défenses dont nous avons parlé plus tôt entrent en jeu. Entraînez-vous à détester ces suggestions et considérez-les comme vos ennemis mortels. Dites avec le psalmiste

« Fille de Babylone, la dévastée, Heureux qui te rend la pareille, Le mal que tu nous as fait ! Heureux qui saisit tes enfants, Et les écrase sur le roc ! » (Psaume 137 : 8-9)

Les Pères nous disent que les enfants de la fille de Babylone sont les mauvaises pensées qui nous assaillent.

Les Pères du Désert nous enseignent aussi une certaine prière qu'ils ont beaucoup utilisée pour combattre ces pensées. C'est l'arme secrète que nous pouvons toujours utiliser contre le vendeur et ses arguments de vente.

C'est le premier verset du psaume 70

« O Dieu, hâte-toi de me délivrer ! Éternel, hâte-toi de me secourir ! ».

Il y a un chapitre entier dans le livre de Jean Cassien "Les Conférences" sur l'utilisation de cette arme secrète contre ces pensées. Continuez à répéter cette prière dans votre esprit jusqu'à ce que vous retrouviez la paix.

Certaines personnes disent que si vous répétez cette prière, elle devient encore plus efficace.

Si vous voulez éradiquer complètement cette pensée, faites le contraire de ce que le vendeur vous dit de faire ; un acte de charité envers cet agresseur. Rechercher la perfection ne signifie pas seulement éradiquer le péché, mais aussi planter une vertu à sa place. C'est ce que témoigne le psaume

« Éloigne-toi du mal, et fais le bien ; Recherche et poursuis la paix. » (Psaume 34 : 14)

Notre seigneur Jésus-Christ nous dit également

« Mais aimez vos ennemis, faites du bien, et prêtez sans rien espérer. Et votre récompense sera grande, et vous serez fils du Très-Haut, car il est bon pour les ingrats et pour les méchants. » (Luc 6 : 35)

Il est inutile de dire que ces exercices de la volonté ne peuvent pas réussir si nous n'avons pas d'abord maîtrisé les exercices de l'esprit, dont nous avons parlé la semaine dernière.

Votre esprit doit être entraîné à accepter les difficultés en se fiant à ce que le Seigneur nous a dit : « Malheur à vous quand tous les hommes diront du bien de vous », et, « Heureux êtes-vous quand les hommes vous insulteront et diront faussement toute sorte de mal contre vous ... Réjouissez-vous et soyez dans l'allégresse ».

Malgré tout cela, la guerre peut être acharnée et les pensées peuvent venir sur nous comme les vagues de la mer, l'une après l'autre.

Pour pouvoir riposter, il faut mémoriser quelques versets que l'on peut utiliser comme cri de guerre contre son ennemi, par exemple dire avec le psalmiste « L'Éternel est ma lumière et mon salut : De qui aurais-je crainte ? L'Éternel est le soutien de ma vie : De qui aurais-je peur ? Quand des méchants s'avancent contre moi, Pour dévorer ma chair, Ce sont mes persécuteurs et mes ennemis Qui chancellent et tombent. Si une armée se campait contre moi, Mon cœur n'aurait aucune crainte ; Si une guerre s'élevait contre moi, Je serais malgré cela plein de confiance. » (Psaume 27 : 1-3)

Demandez également l'aide de la Vierge Marie, dites la prière que nous disons dans l'Agpeya « Ô vierge pure recouvre ton serviteur de ton ombre protectrice. Éloigne de moi les vagues

Discipline de la volonté

des pensées mauvaises. »

Ces prières de l'Agpeya nous ont été adressées par les Pères pour nous aider dans cette guerre entre les volontés. Si les pensées continuent de nous assaillir, n'oubliez jamais que ceux qui sont avec nous sont plus nombreux que ceux qui sont contre nous.

Un jour, un roi mauvais a envoyé toute une armée contre Élisée, le prophète de l'Éternel. Quand son serviteur a vu les chars et les armes qui les entouraient, il a eu très peur, mais Élisée lui a dit : « Ne crains point, car ceux qui sont avec nous sont en plus grand nombre que ceux qui sont avec eux. Élisée pria, et dit Éternel, ouvre ses yeux, pour qu'il voie. Et l'Éternel ouvrit les yeux du serviteur, qui vit la montagne pleine de chevaux et de chars de feu autour d'Élisée. » (2 Rois 6 : 16-17)

La même chose est arrivée à Saint Moïse le Noir. De mauvaises pensées l'assaillaient et chaque fois qu'il allait voir son père de confession, saint Isidore, pour lui parler des pensées qui le préoccupaient. Saint Isidore le conduisait en haut de sa cellule et lui disait : "Regarde vers l'ouest et dis-moi ce que tu vois", il lui disait : "Je vois des démons qui lancent des flèches de feu contre les moines". Il lui a dit : "Regarde vers l'est et dis-moi ce que tu vois". "Je vois des anges qui défendent les moines contre les flèches de feu des démons." Il lui demanda : "Qui sont les plus nombreux, ceux qui nous assaillent ou ceux qui nous défendent ?" Saint Moïse lui dit : "Ceux qui nous défendent."

Aussitôt, les pensées cessèrent de l'attaquer.

Résister aux pensées que l'ennemi nous insuffle n'est pas sans récompense, comme nous le raconte cette histoire des Pères.

Un jeune moine vivant avec son Abba, avait l'habitude de ne jamais s'endormir avant de se prosterner devant l'Abba en lui demandant de le bénir. Une nuit, il est venu se prosterner et a dit : "Bénis-moi Abba", mais son Abba dormait profondément. Il est resté là, espérant que l'Abba se réveille, mais l'Abba a continué à dormir toute la nuit. Il se trouve que pendant son sommeil, l'Abba a vu sept anges mettre sept couronnes sur la tête de son disciple. Le matin, il demanda au disciple : "Que s'est-il passé pendant la nuit ?" Le jeune moine lui a dit : "Pardonne-moi Abba, mais pendant la nuit, sept fois la pensée m'est venue de te quitter et d'aller me coucher, et chaque fois j'ai résisté à cette pensée."

L'Abba savait alors que les couronnes étaient pour la résistance aux pensées. Il raconta l'histoire aux autres moines mais ne la raconta pas au jeune disciple, de peur qu'il ne tombe dans l'orgueil.

Nous devons toujours planter de bonnes pensées au lieu des mauvaises que le vendeur du mal plante dans notre esprit. Voici quelques exemples de la manière dont nous pouvons le faire.

Si le diable vous propose des pensées de marmonnements et de plaintes, parce que vous avez échoué à un examen ou qu'un accident vous est arrivé et qu'il commence à vous dire que ce n'est pas juste, combattez-les en disant "Merci Seigneur". Au début, vous ne le direz que par la langue, mais au bout d'un certain temps, votre cœur se met à le dire également avec votre langue.

Si le discours de vente consiste en des pensées de colère contre une personne qui vous a fait du tort, opposez-vous à ces pensées en essayant de trouver des excuses à la personne. Si les pensées viennent par vagues, combattez-les en disant : "Seigneur, pardonne-lui et pardonne-moi".

Une arme très importante dans la lutte contre ces arguments de vente est de demander à votre père de confession, de prier pour vous. Il suffit de lui téléphoner et de lui dire : « Abouna le vendeur est presque en train de me convaincre, s'il te plaît aide-moi avec tes prières ».

Le livre, Le Paradis des Pères, nous raconte qu'un moine a été envoyé par son père de confession pour faire des courses dans la ville. Quand il est entré dans le magasin où il devait aller, une belle fille a essayé de l'inciter à pécher avec elle, il s'est aussitôt écrié : « Seigneur par les prières de mon père de confession s'il te plaît sauve-moi », et immédiatement il s'est retrouvé sur la route vers le Monastère.

CHAPITRE TROIS

Discipline des sens

Discipline des sens

Théophane le Reclus compare l'homme à un roi (l'âme) qui vit dans un château (le corps). Le château a cinq fenêtres et une porte. Les cinq fenêtres sont les cinq sens. La porte est l'esprit. L'ennemi, ne peut entrer dans le château que par les fenêtres ou la porte. Si ceux-ci sont fermés, l'ennemi ne peut pas entrer dans le château.

À travers ces fenêtres, le vendeur du péché peut apporter des échantillons d'expériences ou de sensations différentes qui apportent des délices à l'âme. À partir de là, l'âme forme un cercle de confort et de plaisirs (d'amusements). L'âme en vient à considérer ce cercle de plaisir comme son principal bien et son but. De cette manière, l'ordre des choses s'inverse, et au lieu de chercher Dieu et Son Royaume, l'âme cherche à « s'amuser ».

Une personne qui cherche à s'engager sur la voie de la perfection spirituelle doit rétablir l'ordre originel de la vie ; pour trouver du réconfort en Dieu et non dans le plaisir. Parfois, nous prenons cette décision, mais la lutte est longue et difficile. Après des années de plaisir et de complaisance envers soi-même, il est très difficile de sevrer l'âme des mauvaises habitudes qu'elle avait acquise au fil des années. La discipline des sens est cruciale pour réussir dans cette lutte pour rétablir l'ordre normal des choses en nous-même.

Chaque sens a ses sujets plaisants et désagréables. L'âme prend plaisir aux choses agréables et, en y devenant addicte, les désire toujours. De cette manière, chaque sens introduit dans l'âme plusieurs convoitises ou attachements passionnés. Ces convoitises sommeillent dans l'âme jusqu'à ce que l'objet de convoitise soit à nouveau expérimenté par le sens. Une fois que la convoitise est rallumée dans l'âme, une réaction en chaîne commence comme Saint Jacques nous le dit dans Jacques 1 : 15 « Alors, quand la convoitise a conçu, elle produit le péché : et le péché, quand il est fini, produit la mort ». Maintenant, la parole de Jérémie s'accomplit : « La mort est montée par nos fenêtres et est entrée dans nos palais » (Jérémie 9 :21)

C'est-à-dire que la mort est entrée dans l'âme par les sens.

La discipline des sens est double. Non seulement devons-nous empêcher nos sens d'errer et d'obtenir des impressions néfastes, mais nous devons également les entraîner à recevoir des impressions profitables de chaque créature et de tout.

Discipline des yeux

Il y a de nombreux versets dans la Bible qui nous exhortent à discipliner nos yeux : « La lumière du corps est l'œil : si donc ton œil est bon, ton corps tout entier sera plein de lumière. Mais si ton œil est mauvais, ton corps tout entier sera rempli de ténèbres. » (Matthieu 6 : 22 - 23)

« Et si ton œil droit t'offense, arrache-le et jette-le loin de toi, car il est avantageux pour toi qu'un de tes membres périsse, et non que ton corps entier soit jeté en enfer » (Matthieu 5 : 29)

« Quiconque regarde une femme pour la convoiter a déjà commis un adultère avec elle dans son cœur.» (Matthieu 5 : 28)

Dans les temps anciens, garder l'œil pur n'était pas très difficile. Le commandement « Ne regardez pas une femme avec convoitise » n'était pas difficile à suivre, car les femmes de l'époque étaient bien habillées et pour la plupart couvertes. Aujourd'hui, cependant, il est très difficile d'éloigner l'œil des offenses.

Non seulement le code vestimentaire est devenu très offensant, mais il y a tellement d'autres façons que le diable, le vendeur du péché, a pour introduire l'impureté dans les yeux.

Les magazines et les livres sont désormais remplis de pornographie, et, il semble que la société augmente progressivement sa tolérance et même son désir de pornographie

Discipline des sens

de façon de plus en plus explicite.

Vous faites du shopping et en faisant la queue à la caisse, vos yeux sont bombardés de photos offensantes dans toutes les directions. Les épiceries ont maintenant des rayons sans bonbons, j'aimerais qu'elles introduisent des rayons sans pornographie.

Les grands magasins ne sont pas mieux. Les variétés de vêtements intimes qui sont exposés et la façon dont ils sont présentés font qu'il est très difficile pour les yeux de rester dans leurs orbites. Même si vous ne faites que marcher dans un centre commercial, les vitrines de nombreux magasins sont remplies d'étalages d'articles intimes. Comme si cela ne suffisait pas, certains magasins exposent ces articles portés par des mannequins. Les panneaux d'affichage sur la voie publique et les transports en commun montrent maintenant beaucoup de matériel qui offense l'œil (ou le ravit, selon que votre œil est bon ou mauvais).

La télévision nous offre une version plus animée de la même chose. Il n'y a guère de film sans une sorte de pornographie, même dans les dessins animés. Internet a maintenant égalé voir même dépassé la télévision dans la quantité et la variété d'images honteuses qu'il offre, et elles ne sont qu'à un clic de souris.

En essayant de sevrer les yeux des scènes dépravées auxquels ils se sont habitués, il est bon de réfléchir à ce que la Bible nous dit. Le livre de la Genèse nous dit « les fils de Dieu virent que les filles des hommes étaient belles ; et ils leur ont pris des femmes parmi toutes celles qu'ils avaient choisies. »

(Genèse 6 : 2). Les résultats furent désastreux, car on nous dit alors, dans Genèse 6 : 7 « Et l'Éternel dit : Je détruirai l'homme que j'ai créé de la surface de la terre. » Le fait de regarder et de convoiter les femmes a conduit à la destruction de l'humanité.

L'histoire de David devrait nous rappeler à quel point il est dangereux pour l'œil de se promener sans contrôle. Comment l'insouciance dans le contrôle des yeux a transformé l'auteur des Psaumes en homme adultère et en meurtrier.

Il faut lutter jusqu'au sang contre tout ce qui précède. C'est très difficile, mais absolument nécessaire pour notre salut. C'est une chose de rencontrer ces choses en marchant ou en faisant du shopping et une autre chose de les chercher, à la télévision ou sur internet, ou pire encore en louant des vidéos ou en achetant des magazines pornographiques. La punition est beaucoup plus sévère dans le dernier cas que pour le premier.

Regarder la violence est aussi un autre péché. Il n'y a pratiquement plus de film sans violence. Même les dessins animés sont remplis de scènes très violentes. De nombreux sports sont violents. Il n'y a guère de match de hockey sans un délicieux morceau de bagarre. La lutte dite « sportive » est encore plus dangereuse. Je connais quelques enfants qui aiment regarder la lutte.

Les parents doivent veiller sur leurs enfants et s'assurer qu'ils ne voient que des choses appropriées pour leur âge. Il existe des moyens d'empêcher vos enfants de regarder de la pornographie à la télévision et sur internet.

Vous devez vous renseigner et installer ces moyens de contrôle avant de souscrire à internet ou la télé dans votre maison.

Regarder avec convoitise les aliments et les images de nourriture est également à éviter, surtout pendant le jeûne. Souvenez-vous que c'est ce qu'Ève a fait « Et quand la femme a vu que l'arbre était bon pour la nourriture, et qu'il était agréable pour les yeux, ... elle a pris de son fruit et a mangé » (Genèse 3 : 6)

Le reste appartient à l'histoire. Aujourd'hui, nous sommes

bombardés par tant de photos plus grandes que nature de hamburgers, de glaces et même de Kit Kat qui mettent l'eau à la bouche.

Regarder avec convoitise d'autres choses du monde, voitures, maisons, meubles, vêtements, ordinateurs, jouets, etc., est un autre péché que nous commettons avec les yeux. Le Seigneur Jésus a été tenté de cette manière lorsque le vendeur de péchés a montré au Seigneur Jésus « tous les royaumes du monde et leur gloire ; Et lui dit : Je te donnerai toutes ces choses, si tu te prosternes et m'adore » (Matthieu 4 : 8 - 9)

Le diable utilise toujours la même astuce pour essayer de nous inciter à convoiter les choses terrestres. Le Seigneur Jésus a résisté à la tentation en utilisant des versets de la Bible pour répondre à Satan. Nous pouvons faire de même quand Satan essaie de nous tenter, en nous rappelant que

« Si quelqu'un aime le monde, l'amour du Père n'est pas en lui » (1 Jean 2 : 15) Et que « l'amitié du monde est inimitié avec Dieu, quiconque donc sera l'ami du monde est l'ennemi de Dieu » (Jacques 4 : 4)

Le mauvais œil ou l'œil envieux est une autre façon dont l'œil peut nous offenser. Regarder avec envie ce que les autres ont est un péché contre lequel nous sommes mis en garde à la fois dans l'Ancien et le Nouveau Testament. Le livre de Job nous dit que « l'envie tue le stupide » (Job 5 : 2)

La parabole du chef de famille, qui sorti tôt le matin pour engager des ouvriers pour sa vigne, est un exemple de la haine que Dieu porte à la convoitise.

Matthieu 20 : 1 - 15 nous dit que l'homme a embauché des ouvriers et s'est mis d'accord sur leur salaire. Puis il est sorti et a embauché d'autres qui aller travailler moins mais il leur a donné le même salaire. Maintenant, ceux qui travaillaient pendant une journée complète se sont plaint que le chef de famille donnait à ceux qui travaillaient moins le même salaire. Ce n'est pas juste !

Mais le chef de famille leur a dit : « N'est-il pas permis pour moi de faire ce que je veux du mien ? Ton œil est-il mauvais parce que je suis bon ? »

Une question qui m'est souvent posée par beaucoup est : comment se fait-il que ceux qui sont loin de Dieu obtiennent toujours de bonnes choses dans leur vie ?

La même pensée est venue dans l'esprit de l'auteur du Psaume 73

« J'étais envieux des insensés, quand j'ai vu la prospérité des méchants. ... Ils ne sont pas en difficulté comme les autres hommes ; ils ne sont pas non plus tourmentés comme les autres hommes... Leurs yeux se détachent avec de la graisse : ils ont plus que ce que le cœur pourrait souhaiter. ... Voici, ce sont les impies, qui prospèrent dans le monde ; ils augmentent en richesse »

Dieu, répondant à ces questions insistantes, montra au psalmiste la fin des méchants, comme on nous le dit plus tard dans le psaume « Je suis entré dans le sanctuaire de Dieu ; alors j'ai compris leur fin. Tu les as certainement mis dans des endroits glissants : tu les as jetés dans la destruction. Comment sont-ils amenés à la désolation, comme dans un instant ! Ils sont complètement consumés par les terreurs »

Il n'y a pas d'injustice avec Dieu. Ceux qui choisissent de ne pas travailler pour la vie éternelle obtiennent leur part dans cette vie. On nous dit dans le Psaume 17 : 14 - 15 « Hommes du monde, qui ont leur part dans cette vie, et dont tu remplis le ventre de ton trésor caché : ils sont pleins d'enfants et laissent le reste de leur substance à leurs enfants. Quant à moi, je contemplerai ta face avec justice : je serai satisfait, à mon réveil, de ta ressemblance ».

La parabole de l'homme riche et de Lazare en est un autre exemple, lorsque l'homme riche a demandé à Abraham « d'envoyer Lazare, afin qu'il trempe le bout de son doigt dans l'eau et refroidisse ma langue ; car je suis tourmenté dans cette flamme. » Abraham lui répondit : « Mon fils, souviens-toi que de ton vivant tu as reçu tes bonnes choses, et de même Lazare des choses mauvaises mais maintenant il est consolé, et tu es tourmenté. » (Luc 16 : 24 - 25)

Le bon usage des yeux

Il ne faut pas seulement entraîner ses yeux à ne pas regarder avec convoitise qui que ce soit ou quoi que ce soit, mais aussi entraîner les yeux à voir Dieu en chacun et en tout.

Nous avons de nombreux exemples des Pères du désert qui nous montrent comment faire cela. Un moine a été envoyé par son supérieur à Alexandrie en mission et quand il est revenu, les autres moines lui ont demandé :

« À quoi ressemble Alexandrie ? » Il leur a simplement répondu : « Je n'avais pas l'intention de regarder quoi que ce soit à Alexandrie. »

Il y est allé pour faire des affaires et il n'avait aucune envie de faire du tourisme !

Lors d'un autre incident, des moines sont allés dans la ville pour acheter les choses dont ils avaient besoin, et une femme de mauvaise réputation a commencé à marcher nue sur la place, ils ont tous détourné les yeux sauf un vieux moine. Quand les autres lui ont demandé ce qu'il ressentait quand il a vu la femme nue, il leur a dit : « J'ai loué Dieu qui a créé une telle beauté ».

Nous pouvons nous entraîner de la même manière, à regarder les choses avec simplicité. Voir Dieu dans toutes les créatures animées et inanimées. Si je vois une belle personne de l'autre sexe, au lieu de faire d'elle un objet de convoitise, je devrais penser à Dieu le Créateur qui a fait une si belle personne. C'est ce que le Christ voulait dire quand il nous a dit « si ton œil était en bon état, ton corps tout entier serait plein de lumière. »

De même, si vous voyez une belle maison, souvenez-vous de votre vraie maison dans la Jérusalem céleste. Dites-vous, si cette maison est si belle, combien plus belle est la maison « non construite avec les mains » que le Seigneur me prépare ? Répétez dans votre esprit le mot du bel hymne

« Jérusalem, ma maison heureuse, quand viendrai-je à toi, quand mes malheurs prendront fin, tes joies que je pourrai voir ! »

De la même manière, lorsque vous regardez une voiture et dites Wow ! Méditez sur combien plus beau était le char de feu qui a emmené Élie au ciel.

Un autre exercice utilisé par les Pères consiste à utiliser des objets vus pour méditer sur la Passion de notre Seigneur. Par exemple, si vous voyez une corde, méditez sur la façon dont le Seigneur a été lié pour vous. Si vous voyez un clou, pensez aux clous qui ont été mis dans ses mains à cause de vos péchés.

Enfin, que dois-je faire si je vois par inadvertance quelque chose de choquant ? Supprimez-le de votre esprit de la même manière que vous supprimez des objets de votre ordinateur ! Avec un acte de volonté intense, effacez l'image et supprimez-la ! C'est peut-être ce que le Seigneur veut dire en disant que si votre œil vous offense, arrachez-le et jetez-le.

Sortez l'offense de votre esprit et lancez-la contre le rocher.

Discipline des oreilles

L'offense la plus courante à l'oreille est peut-être la mauvaise musique, les mauvaises paroles, les paroles blasphématoires. La musique très forte et violente est également à éviter. Je rentre parfois dans un magasin pour acheter quelque chose, et je déteste la musique qu'ils injectent dans mon oreille. Certaines musiques me donnent le sentiment que le diable bat la batterie !

L'un des médias les plus offensants sont maintenant les vidéos de musique. Non seulement vous êtes bombardés de paroles très lubriques chantées de manière très lubrique, mais vos yeux sont également bombardés de scènes très lubriques. Les résultats sont dévastateurs et ils sont partout à la télévision. La mauvaise musique reste souvent dans votre esprit et les mots ne cessent de se répéter dans votre esprit pendant que vous travaillez ou marchez ou même pendant que vous priez.

Une autre infraction est d'entendre des discours hérétiques ou de regarder des programmes hérétiques à la télévision. Je regarde et j'écoute souvent les « soi-disant » évangélistes de la télévision, et aucun d'entre eux ne passe mon test rigoureux d'orthodoxie. Il y a souvent de belles paroles de la Bible qui attirent les simples et les non critiques, mais il y a toujours du poison caché dans le miel.

Les « prédicateurs » qui pensent pouvoir expliquer les prophéties de la Bible sont partout. Il y a ceux qui parlent du fantasme « Laissé derrière », également connu sous le nom « d'hérésie du ravissement ».

Cette hérésie a moins de 150 ans, et elle enseigne que le Christ viendra retirer l'Église du monde avant la « grande tribulation ». Permettez-moi de vous citer un e-mail que j'ai reçu d'un protestant qui veut rejoindre notre Église :

« Je suis sincère dans ma recherche du christianisme. J'adorerais en savoir plus sur la foi orthodoxe, mais je ne sais vraiment pas par où commencer. Toute suggestion sera appréciée ! Voici un petit historique sur moi qui pourrait aider à expliquer comment j'en suis venu à croire que l'orthodoxie est la véritable Église. J'étudie la Bible depuis 6 ans maintenant, d'abord dans la tradition pentecôtiste et plus récemment dans la tradition anglicane. J'ai été « arnaqué » par les « laissé derrière » (la fin des temps basée sur la fiction) et je suis tombé dans les rangs de protestants stricts, sans tenir compte de la sainte tradition de l'Église. Avec une étude sérieuse, je pense que la Bible ne peut être comprise que d'un point de vue orthodoxe. »

L'écoute de nouveaux enseignements peut être la chute de beaucoup à l'époque de l'Antéchrist. Car le séducteur prêchera la Bible afin de tromper les gens, et mettra le poison de ses enseignements dans une pilule couverte de Bible.

Entendre des commérages est une autre infraction. Peut-être dites-vous que je ne participe pas aux potins, mais même entendre des potins est un péché. Le désir de connaître les affaires des autres est assimilé par saint Jacques au meurtre et au vol « Mais qu'aucun de vous ne souffre en tant que meurtrier, ni en tant que voleur, ni en tant que malfaiteur, ou en tant que personne occupée dans les affaires des autres » (1 Pierre 4 : 15)

Écouter les commérages nous conduit finalement à juger les autres, à nous faire de fausses impressions à leur sujet et finalement à répandre des rumeurs à leur sujet. Écouter d'autres personnes me dire ce qu'une certaine personne dit dans mon dos est un problème très grave, surtout avec nos jeunes. Quelqu'un vient vers vous et dit que cette personne dit de mauvaises choses à votre sujet dans votre dos et que vous ne devez plus parler à cette personne. Ce que vous ne réalisez pas, c'est que la personne qui vous rapporte cela, parle elle-même de quelqu'un d'autre derrière son dos !

La solution pour cela ? Dites à la personne qui vous rapporte les faits « venez me dire ceci devant cette personne. »

Discipline des sens

N'oubliez pas qu'une personne est innocente jusqu'à preuve du contraire.

Écouter des paroles vaines et vides est un autre péché ! Souvenez-vous de ce que le Seigneur a dit « Mais moi, je vous dis que toute parole oiseuse que les hommes diront, ils en rendront compte au jour du jugement. » (Matthieu 12 : 36)

Rappelez-vous l'histoire du moine qui était assis en train de bavarder avec les autres moines, puis, se rendant dans sa cellule, un autre moine l'a vu faire plusieurs fois le tour de sa cellule. Alors, il lui a demandé ce qu'il faisait. Il a répondu « Je me débarrasse de tous les discours mondains dont nous parlions, car je ne veux pas l'apporter avec moi dans ma cellule ! »

Enfin, une offense très difficile à éliminer est d'écouter la flatterie !

Nous aimons tous que les gens disent de bonnes choses à notre sujet, mais nous oublions ce que le Seigneur nous a dit : « Malheur à vous, quand tous les hommes parleront du bien de vous !» (Luc 6 : 26)

La flatterie sera l'une des armes les plus puissantes que l'Antéchrist utilisera pour tromper les gens. Le livre de Daniel nous le dit. Dans Daniel 11 : 21, il nous est dit « Il entrera paisiblement et obtiendra le royaume par des flatteries ».

Aussi dans Daniel 11 : 32 « Et ceux qui agissent méchamment contre l'alliance, il corrompra par des flatteries »

Et encore dans Daniel 11 : 33 - 34 « Et ceux qui comprennent parmi le peuple en instruiront beaucoup, mais ils tomberont. Maintenant, quand ils tomberont, ils seront rentrés avec un peu d'aide, mais beaucoup s'attacheront à eux avec des flatteries. »

Bon usage des oreilles

Ici encore, nous devons sevrer nos oreilles des mauvaises choses auxquelles elles se sont habituées. Exercez-vous. Le carême est un bon moment pour apprendre à vos oreilles à jeûner de la mauvaise musique, des ragots et de toutes les autres choses inutiles comme passer du temps au téléphone en bavardant.

Une autre chose que nous pouvons faire est d'entraîner nos oreilles à percevoir Dieu dans tout ce que nous entendons. Par exemple, si vous entendez une belle mélodie, pensez à la beauté de la musique que nous entendrons au paradis. Répétez dans votre esprit les paroles du bel hymne

« Là, David se tient la harpe à la main En tant que maître de la chorale. Dix mille fois cet homme était béni Que pourrait entendre cette musique. Notre Dame chante Magnificat Avec un air harmonieux et doux et toutes les vierges chantent leur part assise à ses pieds. »

Un autre exercice consiste à méditer sur la Passion de notre Seigneur lorsque nous entendons des choses. Par exemple, si vous entendez l'horloge sonner, méditez sur le son des clous martelés entre les mains de notre Sauveur.

Discipline de la langue

Le sens du goût doit être formé de manière à ne pas dicter ce que l'on mange à tout moment. Avoir un penchant pour la gastronomie tout le temps, et inversement, ne pas aimer les aliments sous cotés n'est pas la voie de la perfection spirituelle. Souvenez-vous de notre mère Ève. Une bouchée dans la nourriture interdite a eu un résultat désastreux. Amos 6 : 4 nous dit

« Malheur à ceux qui se couchent sur des lits d'ivoire et qui s'étendent sur leurs divans, et qui mangent les agneaux du troupeau et les veaux du milieu de la stalle. » Ici, ce n'est pas la nourriture qui est à blâmer mais le style de vie.

Souvenez-vous aussi de l'homme riche, qui « s'en sortait somptueusement chaque jour. »

Luc 16 : 19 met l'accent sur le mot « tous les jours », car ce n'est pas un péché de manger de la nourriture délicieuse de temps en temps, par exemple lors des fêtes et lorsque nous avons des invités. Car même le Père du fils Prodigue leur a ordonné « amener ici le veau gras et de le tuer ; et mangeons et soyons joyeux » (Luc 15 : 23)

Même les Pères du désert rompaient leur régime austère de pain sec, de sel et d'eau chaque fois qu'ils avaient un invité. Ils faisaient même parfois des folies ! Le maître disait à son disciple, « fais-nous bouillir quelques lentilles pour le plaisir de l'invité ! »

Saint Paul nous dit « partout et en toutes choses, je suis instruit à la fois d'être rassasié et d'avoir faim, à la fois d'abonder et de souffrir du besoin »

(Philippes 4 :12) Cela signifie que je peux profiter d'un bon repas mais que je peux aussi endurer la faim. Je mange parfois de la nourriture délicieuse, mais je mange aussi de la nourriture humble quand je dois, par exemple pendant le jeûne. Entraînez vos papilles gustatives à se contenter de tout aliment.

Les autres péchés de la langue

La langue n'est pas seulement l'organe du goût, c'est aussi l'organe de la parole. Nous connaissons tous les péchés de la parole, comme jurer, mentir, bavarder et utiliser le nom du Seigneur en vain. Et je suis sûr que nous confessons tous ces péchés et obtenons les bons conseils de notre Père de confession à leur sujet. Ce dont je voudrais vous parler, c'est des péchés dont nous ne confessons pas parce que la plupart d'entre nous ne savent pas que ce sont des péchés.

Le bavardage

Le bavardage est un péché et cela est évident d'après ce que la Bible nous dit. Voici quelques versets de l'Ancien Testament sur le bavardage

« Dans la multitude de mots, il ne veut pas de péché, mais celui qui retient ses lèvres est sage » (Proverbes 10 : 19)

« Celui qui a la connaissance épargne ses paroles. » (Proverbes 17 : 27)

« La voix d'un insensé est connue par une multitude de mots. » (Ecclésiaste 5 : 3)

Mais l'avertissement le plus sévère à propos du bavardage vient du Seigneur de Gloire lui-même, dans Matthieu 12 : 36 - 37 « Mais je vous dis, que toute parole oiseuse que les hommes diront, ils en rendront compte au jour du jugement. Car par tes paroles tu seras justifié, et par tes paroles tu seras condamné. »

Cela signifie que chaque mot dit inutilement, nous devrons en rendre compte le jour du jugement. Et ça, c'est effrayant !

Les Pères nous disent que le bavardage est un signe de fierté.

Un bavard sent qu'il a beaucoup de sagesse qu'il se sent obligé de partager avec le monde !

Le bavardage est la mère des ragots, des médisances et de la ruine de la réputation des gens. C'est la racine des disputes et de la vantardise. Une personne bavarde embellit généralement ses histoires avec des exagérations et des demi-vérités pour attirer l'admiration des auditeurs. Les jeunes passent des heures

Discipline des sens

à parler au téléphone, sans avoir le sentiment de faire quelque chose de mal.

Mais c'est exactement ce que l'on entend par « paroles vaines » dont nous devons rendre compte.

Une nouvelle tournure aux longues conversations téléphoniques sont les fameuses conversations MSN. Chatter sur Internet est désormais

« La mode ». Vous n'avez même plus besoin d'ordinateur grâce à la messagerie texte disponible sur votre téléphone portable. Ce qui est étonnant, c'est que certains jeunes passent des heures sur MSN, puis décrochent le téléphone pour parler à la personne avec qui ils discutent.

Les Pères ont pris ce péché au sérieux, ils ont cultivé la vertu du silence de diverses manières. Saint Arsène a dit un jour : « J'ai souvent parlé et regretté, mais le silence je ne l'ai jamais regretté ».

La première étape pour combattre ce péché est de se rendre compte que c'est un péché et ancrer dans votre esprit le verset de Matthieu 12 sur les « paroles vaines ».

Ensuite, vous devez vous exercer en silence. Un des Pères avait l'habitude de mettre un caillou sous sa langue pour lui rappeler de se taire lorsqu'il est attaqué par l'envie de parler. Eh bien, vous pouvez peut-être trouver un moyen plus hygiénique de le faire en utilisant un bouton d'une vieille chemise !

Prodiguer des conseils

Prodiguer des conseils est-il un péché ? Oui, dans certaines circonstances. Premièrement, si le conseil est donné sans qu'on vous demande votre avis. Et deuxièmement, lorsque vous n'êtes pas qualifié pour prodiguer des conseils. Le problème est que lorsqu'on nous demande des conseils, nous devenons instantanément des experts sur le sujet même si nous n'en savions rien !

Rares sont ceux qui ont la sagesse et le courage de dire « Je ne sais pas ».

Il est malheureux que de nombreux jeunes se demandent des conseils sur des choses importantes comme les questions spirituelles et sur les

« Relations ». Au lieu de demander à quelqu'un qui a des connaissances, ils demandent conseil à quelqu'un qui n'a pas assez d'expérience.

La Bible a quelque chose à dire à ce sujet « Les aveugles peuvent-ils conduire les aveugles ? ne tomberont-ils pas tous les deux dans le fossé ? » (Luc 6 : 39)

Offrir des conseils sur des questions graves est un péché grave, car vous devenez responsable du comportement de la personne à qui vous donnez les conseils. Bien sûr, si quelqu'un vous pose des questions sur les devoirs ou quelque chose du genre, vous devez lui prodiguer des conseils. Mais si votre meilleur ami vous parle d'une personne qui s'intéresse à lui / elle et de ce qu'il faut faire à ce sujet, ne commencez pas à entraîner votre ami dans quelque chose de grave comme ça, car si cela conduit au péché, vous serez tenu pour responsable.

Encore une fois, si quelqu'un vous dit qu'il consomme de la drogue, qu'il fume ou qu'il se masturbe, encouragez-le à demander conseil à son prêtre, plutôt que d'essayer de l'aider, car vous avez vous-même besoin de quelqu'un pour vous aider avec vos propres problèmes.

Vous pouvez encourager cette personne en disant : « Tu sais, j'ai eu un problème similaire et je suis allé parler à Père… , et il m'a guidé dans ce problème »

Discipline des sens

Une chose que vous pouvez faire pour aider votre ami est de prier beaucoup pour lui / elle. Écrivez son nom sur un morceau de papier et donnez-le au prêtre pour qu'il le mette sur l'autel et demandez-lui de prier pour cette personne.

Parfois, le problème est si grave que je pense que le prêtre devrait le savoir. Mais qu'en est-il de la promesse solennelle que j'ai faite à mon ami de garder le secret ? Une chose que vous pouvez faire est de dire à votre prêtre que c'est une confession que vous lui faites. De cette façon, il ne peut pas mentionner cette information à qui que ce soit, y compris la personne qui vous a demandé. Le prêtre priera pour cette personne et demandera à Dieu de le guider dans la façon d'aborder ce problème sans divulguer les informations que vous lui avez données.

Le sens de l'odorat

Le sens de l'odorat peut provoquer des pensées et des sentiments lubriques. Les parfums à forte odeur peuvent produire des mouvements lubriques dans la chair. Les femmes ne doivent pas utiliser de parfums à odeur très forte pour ne pas offenser les autres. La Bible a quelque chose à dire sur le port de parfums chers et exotiques. Amos 6 : 6 nous met en garde en disant « malheur à eux ... qui s'oignent des principaux onguents. »

Et dans Ésaïe 3 : 24, on nous dit « Et il arrivera qu'au lieu d'une odeur douce, il y aura puanteur. »

Si je rencontre une situation où une forte odeur me fait penser à des choses charnelles, souvenez-vous de l'affirmation d'Ésaïe selon laquelle la chair que vous convoitez va pourrir et puer.

L'odeur de la nourriture peut également offenser, surtout si vous jeûnez. Si vous passez devant un magasin de hamburgers ou une pizzeria, l'odeur peut être très dérangeante.

Eh bien, pour citer l'ex-président Clinton, « n'inspirez pas ! »

Anba Abraam, l'évêque de Fayoum, avait autrefois un désir impérieux de manger du pigeon farci (un mets délicat en Égypte), alors il a dit à son serviteur de le préparer. Quand il a été cuit, il a dit au serviteur de le laisser. Chaque fois que le serviteur lui demandait s'il le voulait, il lui disait : « Laisse-le ». Après quelques jours, le plat a pourri (il n'y avait pas de frigo en ce temps-là) puis il a dit au serviteur de le lui apporter. Ça sentait horrible. Le saint se dit alors : "C'est ce que ton cœur désire Abraam, vas-y et mange-le !"

Le bon usage du sens de l'odorat :

Si vous sentez une odeur agréable, apportez toujours votre pensée à Marie qui a oint le Seigneur avec la pommade odorante et comment « la maison était remplie de l'odeur de la pommade » (Jean 12 : 3)

Le sens du toucher :

Le sens du toucher a joué un rôle important dans le péché originel. Lorsque Satan déguisé en serpent est venu à Ève pour la tenter, il l'a interrogée sur le commandement de Dieu concernant l'arbre de la connaissance du bien et du mal. Elle répondit au serpent, Dieu nous a dit « Vous n'en mangerez pas, vous ne le toucherez pas, de peur que vous ne mouriez. » (Genèse 3 : 3)

Eve a dû toucher le fruit défendu par curiosité et il a dû sentir si bon et irrésistible, alors elle l'a cueilli.

Nous sommes tous douloureusement conscients que le

sens du toucher peut conduire à des mouvements agréables mais impies dans le corps et l'esprit. Par exemple, si, assis dans un bus, mon corps se rapproche du corps de quelqu'un de l'autre sexe, même si les corps sont séparés par des couches de vêtements, pourtant, d'une manière ou d'une autre, des sentiments impies commencent à perturber mon corps et mon esprit. Parfois nous nous battons, mais d'autres fois nous nous abandonnons et cherchons même de telles situations. Quelqu'un avec des sens entraînés éviterait à tout prix de telles situations.

Je me souviens d'une histoire au Paradis des Pères à propos d'un jeune moine visité par sa mère. Il voulait la ramener aux abords du village, et en s'y rendant, il a dû traverser une rivière peu profonde et, par courtoisie, il a fait traverser sa mère. Mais, avant de le faire, il l'a enveloppée dans une couverture qu'il portait. Sa mère a été surprise et lui a dit : « Je suis ta mère ! » et le moine répondit : « Je n'ai pas peur de toucher ta chair de mère, mais te toucher me rappellera d'autres chairs que j'ai touché dans mes jours insensés. »

Saint Jude nous exhorte à haïr même le vêtement souillé par la chair. (Jude 1 : 23)

Nous sommes tous conscients que la vue de certains vêtements sur des vitrines ou même des catalogues peut susciter des sensations impures dans nos corps. Toucher de tels vêtements peut également susciter les mêmes sensations impies.

Toucher certaines parties de notre corps peut produire une stimulation sensuelle intense qui est impie et non-sacrée, et je sais que beaucoup de jeunes des deux sexes luttent très fort avec ces sensations.

Dans nos interactions sociales, nous devons être très prudents avec l'utilisation du sens du toucher, ne jamais l'utiliser sans discernement, en particulier avec les membres de l'autre sexe. Les jeunes se serrent souvent dans leurs bras et entourent les personnes de l'autre sexe au nom de l'amitié. Certains peuvent dire « Je ne veux rien dire de mal » D'autres peuvent dire « Je ne ressens rien de mal. » Mais qu'en est-il de l'autre personne ? Si je remue en lui de mauvaises pensées, alors je devrai en répondre.

Je peux pousser ces exercices un peu plus loin en évitant de chouchouter mon sens du toucher avec des vêtements coûteux, en utilisant des lotions et des crèmes coûteuses qui rendent la peau plus douce.

La modération est le maitre-mot.

Le sens du toucher est le véhicule par lequel nous ressentons des sensations désagréables ou de la douleur. Une personne avec un sens du toucher bien entraîné apprendra à accepter la douleur, et même à bénéficier de la douleur en se rappelant que le Seigneur a enduré la douleur pour moi. Théophane le Reclus donne quelques exercices à cet égard. Si je ressens de la douleur dans ma main, je devrais penser aux clous qui sont tombés entre les mains du Seigneur. Si mon dos me fait mal, je devrais méditer sur les 39 coups de fouet que le Seigneur a endurés en mon nom. Si la douleur est dans mon côté, je devrais me souvenir de la lance, et si ma tête me fait mal, la couronne d'épines devrait me venir à l'esprit.

CHAPITRE QUATRE

Discipline de la mémoire et de l'imagination

Dieu nous a doté de la capacité de stocker des informations dans notre mémoire et de les récupérer à volonté. Dieu nous a donné la mémoire afin de nous rappeler ses commandements « vous vous souviendrez de tous les commandements de l'Éternel pour les mettre en pratique » (Nombre 15 : 39) Grâce à la mémoire, les disciples se sont souvenus des paroles du Seigneur Jésus quand il était avec eux et les ont ensuite écrites dans les Évangiles et les Épîtres. Les Évangiles ont été gravés dans la mémoire des croyants comme une tradition orale bien avant qu'ils ne soient écrits.

Une autre raison pour laquelle Dieu nous a donné une mémoire est de nous rappeler toutes les bonnes choses qu'Il a fait avec nous « Moïse dit au peuple : Souvenez-vous de ce jour, où vous êtes sortis d'Égypte, de la maison de servitude; car c'est par sa main puissante que l'Éternel vous en a fait sortir. On ne mangera point de pain levé. » (Exode 13 : 3)

L'imagination, en revanche, n'est pas un don de Dieu. Saint Théophane le Reclus nous dit que les créatures rationnelles (anges et humains) ont été créées par Dieu sans imagination. La chute de Satan et sa perte de la grâce a commencé lorsqu'il a développé une imagination, et s'est imaginé qu'il pouvait être l'égal de Dieu. Satan a introduit l'imagination dans l'esprit d'Adam et Ève, lorsqu'il leur a dit que s'ils mangeaient du fruit défendu, ils pouvaient devenir comme Dieu.

Satan peut utiliser à la fois l'imagination et la mémoire pour nous tenter de pécher. Tout objet que nous percevons par nos sens, laisse une impression dans notre mémoire qui peut être rappelée, pour le meilleur ou pour le pire.

Les péchés de la mémoire et de l'imagination sont encore plus dangereux que les péchés des sens pour les raisons suivantes.

Les péchés des sens sont mis en évidence par la rencontre d'un objet qui stimule les sens, la vue de quelqu'un ou de quelque chose, un son ou une odeur, etc. Cela signifie que les péchés des sens sont provoqués par des objets extérieurs.

Alors que, grâce à la mémoire, on peut se rappeler instantanément les mêmes sensations que celles que l'on a rencontré par les sens, et s'y attarder même en leur absence.

L'imagination peut même ajouter des "effets spéciaux" aux objets sensoriels stockés dans la mémoire, les rendant plus attrayants et plus excitants qu'ils ne l'étaient à l'origine.

Enfin, les sens s'endorment, mais les péchés de la mémoire et de l'imagination peuvent nous attaquer même pendant notre sommeil, par le biais des rêves.

Péchés de la mémoire

Le souvenir de vieux maux. Dans la liturgie, nous prions pour que Dieu nous purifie en empêchant « le souvenir du mal qui entraîne la mort ». Le souvenir du mal signifie ici se souvenir soit d'un mal que j'ai fait dans le passé, soit d'un mal fait par une autre personne contre moi.

L'immoralité sexuelle

Le souvenir des péchés commis dans le passé peut revenir nous hanter même après que nous avons cessé de les commettre. Certains des grands saints du désert en ont souffert pendant de nombreuses années.

Saint Moïse le Noir a longtemps été tourmenté par des pensées sur ses maux passés. Amma Sarah, qui était une religieuse contemporaine de Saint Macarius le Grand, a lutté contre ces pensées pendant 14 ans, avant que le Seigneur ne lui accorde la liberté de ces assauts.

Les images ou les films sexuellement immoraux que nous voyons à la télévision ou sur internet sont fermement ancrés dans la mémoire et ils viennent généralement nous offenser violemment.

La colère

J'ai peut-être eu une dispute ou une altercation avec quelqu'un, et même si nous étions réconciliés, se souvenir de ce qui s'est passé dans le passé peut exciter en nous des pensées de colère et de vengeance qui peuvent être angoissantes. Le diable peut faire paraître les choses bien pires qu'elles ne le sont en réalité. De nombreux couples mariés vivent dans la souffrance à cause de cela. Une petite dispute le matin avant d'aller au travail est généralement utilisée par le diable de manière très efficace. Au travail, le diable fait en sorte que l'incident soit rappelé dans leur esprit à tous les deux. Des sentiments passionnés de colère et d'indignation sont ainsi implantés dans leurs esprits respectifs, de sorte qu'à leur retour, la petite dispute du matin se transforme en un grand conflit qui peut les priver tous deux de leur paix intérieure pendant des semaines. Comment pensez-vous que les divorces commencent ? Certaines personnes se rappellent même les choses du passé et s'en souviennent à chaque fois qu'une dispute survient. Par exemple, un couple peut être marié depuis 10 ans ou plus, et chaque fois qu'ils se disputent, la femme rappelle au mari quelque chose qu'il a fait (ou n'a pas fait) pendant leur lune de miel ! Le mari peut aussi faire de même et lui rappeler quelque chose que sa mère a dit pendant qu'ils étaient fiancés !

Juger

Vous pouvez avoir été témoin ou entendu quelque chose fait par une autre personne et vous jugez immédiatement cette personne.

Vous pouvez même vous être repenti et avoir avoué avoir jugé cette personne, mais l'affaire n'est pas close.

Chaque fois que vous rencontrez cette personne, vous vous souvenez de ce qu'elle a fait et vous recommencez à la juger dans votre esprit. Il est tout à fait possible que cette personne aussi se soit repentie et ait confessé ce qu'elle a fait, qu'elle l'ait même oublié (comme nous devrions le faire lorsque nous nous repentons et nous confessons) et pourtant vous continuez à tomber dans le péché du jugement par le souvenir du mal.

La gloire vaine

Parfois, nous faisons quelque chose qui nous semble bien. Par exemple, j'ai peut-être aidé à réconcilier deux personnes, mais plus tard, je continue à me rappeler toutes les « sages paroles » que je leur ai dites, et je me réjouis et me prélasse dans la gloire, en me disant « Ne suis-je pas génial ?! »

Un professeur de catéchisme peut avoir eu la grâce de donner une leçon à sa classe. Cette grâce est généralement accordée pour le bien des enfants et non en raison de l'excellence du professeur. Mais celui-ci peut commencer à se rappeler chaque mot qui a été dit et son cœur se remplit de satisfaction personnelle, comme si les mots venaient de lui-même et non de Dieu.

Laissez-moi vous donner un exercice pour combattre cette tentation. Dès que ces souvenirs commencent à s'élever dans votre esprit, rappelez-vous que le Seigneur a utilisé un âne pour réprimander le prophète Balaam.

(Nombres 22 : 21 - 43) Dites-vous que je n'ai pas plus le droit de me glorifier dans mes paroles, que l'âne de Balaam !

Les rêves

Personne ne peut se libérer de ses rêves. Mais se livrer à des rêveries excessives est un péché qu'il faut avouer. Les rêveries sont inutiles, elles font perdre un temps précieux qui peut être consacré à l'enseignement, à la prière ou à la lecture de la Bible. Beaucoup d'étudiants s'assoient pour étudier, font le geste d'ouvrir le livre, de tailler le crayon, mais se noient immédiatement dans leurs rêves doux-amers.

Un danger très réel de ces rêveries est qu'elles commencent souvent comme des fantasmes innocents, mais qu'elles finissent presque toujours comme des fantasmes sexuels. Les filles fantasment souvent sur leur mariage ! Elles imaginent la robe de mariée, les demoiselles d'honneur, la magnifique église dans laquelle le mariage est célébré, la somptueuse réception qui suit ... Mais, tôt ou tard, ce fantasme apparemment innocent conduira à fantasmer sur la ... nuit de noces.

L'amour du monde

« L'amour du monde est inimitié contre Dieu » (Jacques 4 : 4)

Saint Jacques nous dit dans le même verset que quiconque aime le monde est un ennemi de Dieu. Malgré cela, nous nous livrons souvent à ce péché en nous imaginant vivre dans de grands palais, porter les derniers vêtements à la mode, conduire une de ces voitures de rêve. Les voitures occupent une place importante dans l'esprit de nos enfants pré-adolescents. Ils en parlent, ils collent leurs photos sur les murs de leurs chambres et en rêvent.

Je conduisais un groupe de nos propres jeunes de Toronto après une journée d'activité qu'ils avaient passée là-bas, et tout ce dont ils voulaient parler pendant le voyage de retour, c'était de voitures !

Cette tentation était l'une des trois tentations avec laquelle le diable a éprouvé notre Seigneur, lorsqu'il a pris le Christ sur une haute montagne et lui a montré en une image tous les royaumes du monde et leur gloire, et lui a dit

« Je te donnerai toutes ces choses, si tu tombes et m'adores » (Matthieu 4 : 9) Bien sûr, Jésus l'a réprimandé, mais combien de fois le diable va-t-il essayer le même tour sur nous en nous montrant toutes les choses du monde qu'il peut nous donner si seulement nous nous laissons tomber et si nous l'adorons. Chaque fois que nous nous livrons à ces fantasmes, nous sommes en fait en train de lui obéir !

Fantasmer sur la nourriture

C'est particulièrement dangereux quand on jeûne !

Nous sommes à deux semaines de la fin du Carême et vous fantasmez sur le somptueux dîner que vous aurez après la messe de minuit. Vous pouvez presque sentir la nourriture dans votre bouche et l'odeur dans vos narines. C'est tellement réel que votre bouche se met à saliver ! Même lorsque vous ne jeûnez pas, vous vous imaginez soudain avec un hamburger juteux et appétissant ou une fabuleuse glace, ou tout ce qui vous met l'eau à la bouche. Ce que vous ne savez pas, c'est que vous faites preuve de gourmandise dans votre imagination !

Dans l'Ancien Testament, ce péché a assailli les Israélites après leur départ d'Égypte. Ils dirent à Moïse

« Nous nous souvenons des poissons que nous mangions en Égypte, et qui ne nous coûtaient rien, des concombres, des melons, des poireaux, des oignons et des aulx. Maintenant, notre âme est desséchée : plus rien ! Nos yeux ne voient que de la manne. » (Nombres 11 : 5 - 6)

Dieu a envoyé des cailles au peuple, mais il l'a sévèrement puni pour sa gourmandise. « Comme la chair était encore entre leurs dents sans être mâchée, la colère de l'Éternel s'enflamma contre le peuple, et l'Éternel frappa le peuple d'une très grande plaie. » (Nombres 11 : 33)

Le traitement

La première étape consiste à reconnaître ces péchés tels qu'ils sont, et à ne pas penser qu'il s'agit de pensées ou de fantasmes inoffensifs. En tant que tels, vous devez les mentionner dans votre confession. Comme pour tout autre péché contre lequel vous luttez, vous devez prier et demander la grâce de Dieu pour vous aider à les surmonter.

CHAPITRE CINQ

Pêchés présomptueux

Dans le psaume 19 verset 13, David prie en disant « Préserve aussi ton serviteur des orgueilleux ; Qu'ils ne dominent point sur moi ! Alors je serai intègre, innocent de grands péchés. »

Quels sont les péchés des orgueilleux ? Il s'agit de péchés cachés, de péchés dissimulés derrière une droiture de façade afin qu'ils ne soient pas perçus comme tels. Ils peuvent aussi être la composante de réelles vertus, qui ne s'alignent toutefois pas avec les commandements de Dieu ou Sa Volonté. Parfois, ces péchés sont appelés « les péchés de la main droite », de par leur déguisement en vertus.

Exemples de péchés présomptueux

1. L'indépendance

A l'écoute d'un sermon, je sens mon cœur répondre à l'appel et un désir naître en moi d'enfin suivre le droit chemin. Motivée, je commence à jeûner, prier et lire la Bible avec zèle. Je sens en moi une énergie extraordinaire, que je confonds malheureusement avec la grâce de Dieu. Hélas, quelques jours passent et je me décourage, devenant encore pire qu'avant. Le problème est l'indépendance. La solution : aller voir mon père de confession et lui demander de me guider. Il sera à même de me donner un programme simple de lectures, de prières et de jeûne.

2. Droiture trop droite

Alors même que je pense bien faire et que je vois mon père de confession, le diable commence à me faire croire que je dois faire plus que ce que mon père de confession me demande. Le diable me souffle à l'oreille que mon père ne connaît rien de ma stature spirituelle, ou encore qu'il essaie de ralentir ma croissance spirituelle. Ce que je fais donc, c'est cacher à mon père de confession mes efforts d'ascétisme exceptionnels, en me limitant à la confession seule. A partir de ce moment-là, le diable va même m'aider dans mon effort d'ascétisme, m'aider à jeûner plus longtemps, à lire la Bible pendant des heures et des heures et prier davantage.

Pourquoi le diable ferait une chose pareille ? Afin de transformer ton effort d'ascétisme en but ultime alors même qu'il devait seulement être un moyen vers la perfection. Le diable me donne ce sentiment d'épanouissement quand je vois combien d'heures je peux tenir à jeûner ou combien de métonias je suis capable de faire. La Bible a beaucoup de choses à nous dire là-dessus

« Ne sois pas juste à l'excès, et ne te montre pas trop sage : pourquoi te détruirais-tu ? » (Ecclésiaste 7 : 16)

« Par la grâce qui m'a été donnée, je dis à chacun de vous de n'avoir pas de lui-même une trop haute opinion, mais de revêtir des sentiments modestes, selon la mesure de foi que Dieu a départie à chacun » (Romains 12 : 3)

Le diable avait l'habitude de rendre visite à Saint Antoine à la fin de ses prières et avant de se reposer de celles-ci : « Antoine, réveille-toi et prie ! ».

Mais Saint Antoine lui répondait avec sagesse : « je prie quand je le souhaite, et jamais je ne t'écouterai ».

Cela pour montrer qu'il convient de tout faire avec modération.

Cette modération est appelée par les Pères de l'Église « la Voie Royale », ne penchant ni à droite (droiture trop droite), ni à gauche (le péché).

Pour cette raison, les moines ont toujours eu un programme de prières, de jeûnes et de lectures qui leur est affecté par leur guide spirituel. Demandons toujours à notre père de confession de nous aider dans nos efforts spirituels et de bien cadrer notre programme.

3. S'auto-punir

Parfois, dans le contexte d'une vie spirituelle totalement régie par ma personne, je décide de m'auto-punir à cause d'un péché que j'ai commis. Dans cette lignée, j'augmente mes jeûnes, métonias et prières et je crois qu'en faisant cela, j'ai résolu le problème. Bientôt, cela me mènera au point suivant.

4. Auto-absolution

Un exemple : je suis dans l'avion et le repas servi ne convient pas à mon jeûne alimentaire. Je me permets de le manger, me disant que je jeûne beaucoup et que j'ai le droit de me permettre une petite pause. Ce que je ne réalise pas, en revanche, c'est que le diable m'a fait prendre la liberté de juger de ce qui est bon ou pas. En réalité et en toute simplicité, le diable m'éloigne du droit chemin et de mon guide spirituel, et veut prendre sa place !

Encore une fois, la Bible nous avertit « Personne n'allume une lampe pour la mettre dans un lieu caché ou sous le boisseau, mais on la met sur le chandelier, afin que ceux qui entrent voient la lumière. » (Luc 11 : 33)

Les pères du désert nous l'expliquent en ces termes : ne cachons pas nos actions d'ascétisme de notre guide spirituel et ne pratiquons pas l'ascétisme sans le dire à notre père de confession.

5. Les désillusions de la droiture

Si je persiste dans cette direction, il ne sera pas difficile pour le diable de me convaincre qu'il s'agit de la bonne direction et qu'elle me mènera à la vie éternelle, alors qu'en fait, je suis sur le chemin de la perdition qui me fera perdre mon salut. La Bible nous dit à ce sujet « Prends donc garde que la lumière qui est en toi ne soit ténèbres. » (Luc 11 : 35)

Dans le livre de l'Apocalypse 3 verset 17, le Seigneur réprimande un des évêques des sept églises en lui disant « Parce que tu dis : Je suis riche, je me suis enrichi, et je n'ai besoin de rien, et parce que tu ne sais pas que tu es malheureux, misérable, pauvre, aveugle et nu. »

Les personnes qui arrivent jusqu'à ce niveau sont souvent en perdition. Théophane le Reclus nous dit qu'elles ne s'en rendent compte qu'après leur mort.

C'est de ces personnes que Dieu dit « Plusieurs me diront en ce jour-là : Seigneur, Seigneur, n'avons-nous pas prophétisé par ton nom? n'avons-nous pas chassé des démons par ton nom? Et n'avons-nous pas fait beaucoup de miracles par ton nom ? Alors je leur dirai ouvertement : Je ne vous ai jamais connus, retirez-vous de moi, vous qui commettez l'iniquité. » (Mathieu 7 : 22 - 23)

6. Fausses révélation, visions, rêves

Dans le but de faire grandir davantage ma désillusion, le diable peut me donner cette impression de « voir le futur », ou même de lire dans les pensées des autres !

Comment s'y prend-il ? Très facilement ! Il saura que ma grand-mère en Égypte est mourante et fera en sorte que cette pensée me vienne à l'esprit. Je déciderai alors d'appeler ma famille en Égypte et ils me diront qu'elle est en effet très malade. Si j'y crois, il continuera à envahir mon esprit de pensées de la sorte afin de me convaincre que Dieu m'a donné un pouvoir extraordinaire et, ainsi, nourrir mon sentiment de fierté et de vertu.

Jean Climaque nous dit que le diable est capable de semer une pensée dans l'esprit d'une personne puis la révéler à une autre afin de lui donner l'illusion qu'il peut lire dans ses pensées ! D'où pensez-vous donc que les médiums obtiennent leur science infuse ? Du diable ! Ils sont d'ailleurs majoritairement possédés par des démons.

Il y avait trois moines qui avaient des « révélations » et argumentaient entre eux pour savoir si elles étaient de Dieu ou du diable. Ils décidèrent alors d'aller voir Saint Antoine le Grand pour lui demander. Sur le chemin, l'âne qui les accompagnait mourut. Ils reprirent la route puis, à leur arrivée, St Antoine leur dit « dommage que votre âne soit mort ! » Ils lui demandèrent alors : « comment le sais-tu ? » Il leur répondit : « le diable me l'a dit ! » Puis ils lui dirent « tu as répondu à notre question avant même que nous la posions. »

Certaines personnes ont des visions de saints et d'anges. Hélas, l'on se doit d'être très précautionneux avant de les accepter car le diable peut les déguiser afin de détruire notre vie spirituelle. Dans les récits de nos pères du désert, il existe des histoires terribles de personnes n'ayant pas discerné entre le fait que ces visions venaient de Dieu ou du diable.

Une de ces histoires est celle de Héron, un moine qui vécut 50 ans d'ascétisme et qui vit sa vie réduite en ruine à cause d'un faux ange qui lui apparaissait depuis de longues années. Il cessa d'aller à l'église et refusa le conseil des autres moines d'aller en parler au grand évêque. A la fin, « l'ange » l'avait convaincu qu'il allait l'emmener au Ciel vivant, comme le prophète Élie. Le pauvre homme fit ses adieux aux moines qui essayèrent encore de le convaincre qu'il s'agissait du diable, mais en vain. « L'ange » l'emmena sur une montagne et le persuada de sauter, chose qu'il fit et qui causa sa mort.

Le grand évêque refusa qu'on chante les psaumes à ses funérailles, il considéra qu'il s'était suicidé.

L'histoire d'un autre « ange » dit qu'il apparaissait à un moine pendant trois ans. La cellule dans laquelle il dormait rayonnait tellement de la lumière de « l'ange » qu'il n'avait plus besoin de bougies ! Après trois ans, « l'ange » lui donna une vision du « Paradis » et lui montra les Juifs assis proche d'Abraham tandis que les Chrétiens étaient en train d'être torturés en enfer. Dès lors, il décida de se convertir au Judaïsme.

Il existe toutefois des moines un peu plus sages. « Gabriel » apparut à l'un d'eux avec un message de Dieu. Le moine dit alors à « Gabriel » :

« Tu as dû te tromper de cellule, je suis pêcheur et je ne mérite pas d'avoir des visions, mais le moine d'à côté lui, est un homme saint. » Le supposé ange disparut en un instant.

Un autre moine eut la vision du « Seigneur » lui disant de le glorifier, mais le moine lui dit : « je ne veux pas voir le Seigneur sur terre, je veux le voir au Ciel ». Le faux « Seigneur » disparu alors.

Ces faits relatés sont des faits qui survinrent à des moines il y a des siècles. En revanche, les techniques du diable sont toujours les mêmes aujourd'hui, et elles sont fructueuses. Il y a plusieurs années, j'avais remarqué qu'un des serviteurs de l'église ne venait plus à l'église et n'avait pas pris la communion depuis longtemps. J'ai alors décidé de le visiter et de lui demander pourquoi il s'était éloigné.

Il m'a tout simplement répondu « le Pape Cyril m'apparaît en vision tous les dimanches et me donne la communion ! » Il y avait un autre serviteur d'une autre ville qui est venu à moi me disant que quelque chose le tracassait. N'étant pas son père confesseur, je lui ai conseillé d'aller voir son père de confession pour lui demander conseil. Le lendemain matin, il m'appela me disant que le « Pape Cyril » lui était apparu dans son rêve lui demandant de se confesser, puis lui donna l'absolution. Il me demanda si cela était suffisant. Je lui ai alors dis qu'il serait préférable qu'il aille se confesser et raconter son rêve directement à son père de confession.

Il existe des révélations qui sont réelles, mais il y en a

aussi qui ne le sont pas ; tout comme l'argent existe aussi en argent contrefait. La meilleure façon de gérer ces révélations, apparitions et rêves est d'en parler à notre père de confession.

Une personne spirituelle se considérera toujours non méritante de révélations. Les rêves, quant à eux, sont totalement sous le contrôle du diable. Dieu a parlé à des personnes dans leurs rêves, mais elles se comptent sur le doigt de la main et étaient des saints ou des prophètes, non pas des pêcheurs comme nous. Ne donnons pas trop d'importance aux rêves. Saint Antoine a dit : « celui qui croit aux rêves est la marionnette des démons. »

7. Faux dons

Avec le temps, le diable pourrait même me donner des « dons spirituels » comme des dons de guérison permettant à des personnes qui m'ont demandé de prier pour eux d'être guéris peu après qu'ils me l'ont demandé. Le diable peut donner un mal de tête à quelqu'un et le faire disparaître dès lors que j'aurai prié pour lui ! Il peut même provoquer des problèmes chez quelqu'un et les résoudre une fois que j'aurais prié pour cette personne. Un exemple de cette ruse nous est expliqué dans la vie de Saint Pacôme. Ce dernier évoluait avec lui au sein du monastère, sous la direction d'Ava Palaemon, et le narguait souvent lui disant qu'il ne luttait pas assez dans l'ascétisme. Pour le lui prouver, le moine marchait sur du charbon chaud sans qu'il ne se fasse mal !

Saint Pacôme se sentait alors très découragé car il ne pouvait faire de même. Un jour, le moine vint à lui et lui dit « aujourd'hui, je vais sauter dans une fournaise et je ne brûlerai pas ! Il y sauta et y laissa sa vie.

Saint Pacôme fut très secoué par sa mort et se rendit dans le désert pour prier, en disant à Dieu « ceci est trop difficile pour moi ! » Dieu envoya un ange à Saint Pacôme pour le conforter et lui dit : « grâce à ton humilité, Dieu te donnera le discernement afin que le diable ne puisse pas te piéger de la sorte, et tu seras capable d'aider les autres qui deviendront tes disciples. »

D'où pensez-vous que les « guérisseurs » que l'on voit à la télé obtiennent leurs dons ? Du diable. La Bible nous dit que le diable peut causer des maladies. Les personnes possédées puis guéries par le Christ étaient souvent soit aveugles, soit sourdes, soit souffraient d'épilepsie ou d'autres affections causées par les démons. Dans le livre de Job, on nous dit que Satan « frappa Job d'un ulcère malin, depuis la plante du pied jusqu'au sommet de la tête. » Satan peut être à l'origine d'une cécité temporaire puis permettre au « guérisseur » de la « guérir ». Et pourquoi donc ? afin que le guérisseur, le guéri ainsi que leurs spectateurs soient trompés par ces faux « miracles ».

8. Fausse consolation, fausses larmes

Parfois, afin de me conforter dans ma désillusion, le diable me donnera cette sensation de chaleur au cœur ou même de larmes qui me viennent lorsque je prie. Il s'agit d'un jeu d'enfant pour le diable : il ordonne à ses démons de ne pas me distraire ou me tenter pendant ma prière afin que je sois trompé et que je pense bien faire. Voici un simple exemple qui montre son talent. Il y a longtemps, j'ai rencontré un couple de jeunes vivant ensemble dans le péché et me disaient « Père, nous prions ensemble l'Agpeya et lisons la Bible, ou est le mal là-dedans ? »

Je me souviens maintenant d'une chanson dont les paroles disaient : « ça a l'air si juste, comment ça pourrait être mal ? »

Aurait-elle été écrite par le diable lui-même ?!

9. La paix avant la tempête

Il s'agit ici d'une nouvelle ruse du diable afin d'embucher les jeunes dans le péché. Son fonctionnement ? un garçon et une fille font connaissance et commencent à se fréquenter sans le dire aux parents. Ils craignent aussi de le dire à leur père de confession et font donc abstraction de ces rencontres dans leurs confessions. Le diable, lui, leur souffle à l'oreille « ce n'est que de l'amitié ». Ils passent des heures et des heures ensemble sans avoir le moindre désir l'un envers l'autre, ne se touchent, ni s'embrassent (ordre du diable à ses démons de ne pas les tenter !) Ils tombent ainsi dans le piège de la fausse sécurité. Ils peuvent se voir seuls dans une chambre, même s'asseoir sur le même canapé sans rien faire de mauvais (encore une fois, selon le scénario écrit par le diable). Un jour, ils se retrouvent assis sur le même canapé, comme à leur habitude, et soudainement, les démons vont les attaquer de toutes directions. Les sentiments et les désirs les inondent d'une façon tant inattendue qu'ils tombent sitôt dans le péché, totalement pris au dépourvu.

10. La guerre des opposés

Une autre ruse du diable consiste à nous fatiguer spirituellement et à nous transformer en des proies faciles. Il plante dans nos esprits, deux pensées contraires, qui sont toutes deux bonnes. Ce qu'il va faire, c'est nous faire réfléchir à laquelle est la meilleure encore et encore.

Chacune des deux pensées dispose de ses arguments, d'ailleurs soutenus par des versets de la Bible. Je continue ainsi de me questionner sur laquelle vient vraiment de Dieu. La vérité est qu'elles viennent toutes deux du diable.

Son but ? M'épuiser et faire travailler mon esprit pour rien afin de me rendre plus faible et me transformer en proie facile à attaquer. La solution au dilemme des pensées : en parler à mon père de confession.

11. La guerre du progrès spirituel

Le diable a la capacité de me rendre hyper-anxieux en ce qui concerne mon progrès spirituel « tu ne fais aucun effort, change ton père de confession », me souffle-t-il à l'oreille. En revanche, ce que nous ne savons pas, c'est que Dieu nous cache le fruit de notre lutte et ce, jusqu'au dernier jour de notre vie. Il fait cela par amour pour nous afin de nous éviter de voir le résultat et de l'attribuer à notre propre piété et non à Sa Grâce. Agir de la sorte nous ferait perdre tout le résultat de notre lutte à cause de notre orgueil et arrogance.

Quand le Seigneur guida Israël vers la terre promise, il leur dit « L'Éternel, ton Dieu, chassera peu à peu ces nations loin de ta face ; tu ne pourras pas les exterminer promptement, de peur que les bêtes des champs ne se multiplient contre toi. » (Deutéronome 7 : 22). Les pères de l'Église nous expliquent que ces « nations » symbolisent nos péchés. Le Seigneur ne veut donc pas que nous nous débarrassions de nos péchés à toute vitesse, de peur que les bêtes des champs, la fierté et l'arrogance nous envahissent et nous dévorent.

Le Seigneur nous donne aussi une parabole qui explique que nous ne devrions pas attendre des résultats de notre lutte « Il dit encore : Il en est du royaume de Dieu comme quand un homme jette de la semence en terre ; qu'il dorme ou qu'il veille, nuit et jour, la semence germe et croît sans qu'il sache comment. » (Marc 4 : 27)

Si j'ai une plante à la maison, je sais qu'elle pousse tous les jours, mais si je me concentre dessus à attendre de la voir pousser, je n'en serai pas capable. De la même manière, nous ne voyons pas les résultats de notre effort spirituel maintenant car Dieu nous les cache pour notre bien.

12. Péchés secondaires

Les pères de l'Église nous disent que chaque démon qui combat un croyant a avec lui deux « assistants démons », l'un dans sa main droite et l'autre dans sa main gauche. Celui dans sa main droite s'appelle le démon de l'orgueil et celui de la gauche s'appelle le démon du désespoir.

Si le démon principal réussit à me faire tomber dans le

péché, le démon du désespoir prendra le relais : réprimande sévère et sentiment de désespoir s'ensuivent, ce qui m'égare de mon but ultime qui est mon Salut.

Je vais alors me dire que c'est ma conscience qui me parle, ou alors qu'il s'agit de Dieu qui me réprimande à cause de mes échecs à répétition. Mais je me trompe. Les pères nous disent que lorsque Dieu veut me réprimander, Il le fait avec douceur et amour et non avec sévérité.

Si je parviens à résister aux tentations du péché, le démon de l'orgueil commencera à planter en moi des pensées d'arrogance en me disant « tu es devenu fort dans le combat de ce péché ! ». Malheureusement, cette pensée est celle qui me fera perdre la victoire à peine acquise grâce à la Grâce de Dieu. Parfois, le démon du désespoir plante également en moi des pensées blasphématoires ou de fornication alors même que je fais la queue pour prendre la Communion. Les durs reproches tombent juste après et nous font dire désespérément que jamais notre âme ne sera sauvée.

Un jour, un moine en détresse alla voir son père au monastère au sujet de pensées blasphématoires l'attaquant constamment. Le père lui ordonna de les ignorer et de se dire en lui-même : « ces pensées ne sont pas les miennes, que ces blasphèmes retombent sur toi ! »

En bref, le traitement à suivre contre ces ruses est de les identifier, de les démasquer et de les combattre. Rends-toi chez ton père confesseur et révèle-les-lui. Les pères nous disent qu'à peine révélées, elles disparaissent.

CHAPITRE SIX

La Poursuite des Vertus

La poursuite des vertus

Les vertus sont les fruits que chacun de nous est tenu de cultiver tout au long de son séjour spirituel qui mène à la perfection chrétienne. « Tout arbre qui ne produit pas de bons fruits est coupé et jeté au feu. » (Matthieu 3 : 10)

Voici l'importance que Dieu donne aux fruits. Avant d'aller plus loin, lisons cet extrait de Jean 15 : 4 - 5

« Demeurez en moi, et je demeurerai en vous. Comme le sarment ne peut de lui-même porter du fruit, s'il ne demeure attaché au cep, ainsi vous ne le pouvez non plus, si vous ne demeurez en moi. Je suis le cep, vous êtes les sarments. Celui qui demeure en moi et en qui je demeure porte beaucoup de fruit, car sans moi vous ne pouvez rien faire. »

Ainsi donc, la première règle pour avoir du fruit est posée. Sans Dieu, je n'y arriverai pas. Personne ne peut produire du fruit seulement grâce à ses propres efforts car c'est Dieu qui nous rend fructueux. Dieu est tel un fermier qui possède une terre et qui embauche un serviteur pour surveiller Sa terre pour Lui. La terre, les graines et les engrais sont la propriété de Dieu, c'est Lui qui provoque la pluie et le soleil dont a besoin la terre. En revanche, le serviteur doit cultiver la terre, semer les graines, arracher les mauvaises herbes et mettre l'engrais puis enfin récolter le fruit de son labeur. Mais, en dépit de son travail, le serviteur n'a aucun mérite dans ce qu'il fait ; de même pour nous alors que Dieu nous dit « Vous de même, quand vous avez fait tout ce qui vous a été ordonné, dites : Nous sommes des serviteurs inutiles, nous avons fait ce que nous devions faire. » (Luc 17 : 10)

Les vertus n'arrivent pas par hasard. Elles requièrent un entrainement précis. Les vertus sont souvent comparées à une échelle ayant de nombreuses marches et qui mène vers le ciel depuis la terre. Certaines vertus sont en bas de l'échelle et d'autres plus haut. Les pères de l'Église nous disent que nous ne pouvons « sauter » des marches mais plutôt monter l'échelle des vertus marche après marche.

Tout en bas de l'échelle, nous trouvons les deux vertus basiques d'obéissance et de patience. Tout en-haut de l'échelle, se trouvent les vertus d'humilité et d'amour. L'amour est considéré comme la vertu la plus haute. Elle est d'ailleurs souvent appelée la vertu « qui englobe tout ». Celui qui a l'amour comme vertu aura toutes les autres vertus à sa disposition. Dans notre travail d'acquisition des vertus, il est recommandé de les prendre une par une. Ainsi donc, une fois une vertu acquise, nous pouvons passer à la suivante et grimper l'échelle petit à petit.

Les vertus sont cumulatives. Travailler pour l'acquisition d'une nous entraine aussi pour les suivantes. Par exemple, si je m'entraine à acquérir l'obéissance et la patience, la douceur sera à ma portée. Une fois que j'ai maîtrisé la douceur, je serai au seuil de l'humilité, et ainsi de suite. Comme son nom l'indique, l'entrainement requiert la présence d'un entraineur. Nulle ne peut devenir athlète sans avoir été coaché par un coach. De la même façon, nulle ne peut devenir un « athlète pour le Christ » sans coach.

Mon coach est mon père de confession qui doit me donner un programme d'entrainement. Si le lecteur a lu le chapitre précédent, il comprendra les dangers d'avancer sans coach spirituel.

L'obéissance et la patience sont considérées comme des prérequis pour obtenir les autres vertus. Je ne peux faire fructifier d'autres vertus si je n'ai maitrisé ces vertus de base. Pourquoi ? sans obéissance, je n'écouterai tout simplement pas ce que me dit mon coach et je ne ferai aucun progrès !

De la même façon, sans patience, je n'arriverai pas à persévérer dans mon entrainement jusqu'à obtenir des résultats fructueux.

Dans la parabole du semeur, notre Seigneur nous dit «

La poursuite des vertus

Ce qui est tombé dans la bonne terre, ce sont ceux qui, ayant entendu la parole avec un cœur honnête et bon, la retiennent, et portent du fruit avec persévérance. » (Luc 8 : 15)

Le reste de ce chapitre sera consacré à découvrir des « techniques » pratiques pour l'application de l'obéissance et de la patience.

Obéissance

L'obéissance consiste à soumettre ma volonté à la volonté d'autrui. Les pères de l'Église peinèrent beaucoup à former leurs disciples novices à cette vertu basique mais très importante. Nous connaissons tous l'histoire de Saint Jean Colobos (le Petit) dont le « coach » lui demande de planter un bâton en bois dans la terre et de l'arroser chaque jour. Une autre histoire relate l'ordre d'un père à son disciple de se mettre à l'entrée du monastère et de se prosterner devant chaque visiteur en suppliant : « s'il vous plaît, priez pour moi car je suis lépreux ! ».

Cela peut nous sembler grotesque mais cela montre aussi combien l'entrainement pour acquérir la vertu est prise au sérieux par les pères du désert. Jugeons-en par nous-mêmes en observant le fruit de leurs « technique »

Après avoir arrosé le bâton durant des années, il germa et porta du fruit !

Le « maître » prit du fruit et en donna aux autres moines leur disant « mangez du fruit de l'obéissance ».

Être obéissant, ce n'est pas forcément être en accord avec la demande que l'on nous adresse. Plus la demande est contestable, plus grande est la récompense. Quand Dieu a demandé à Abraham d'offrir son fils unique Isaac en sacrifice, il ne s'est pas arrêté ni un seul instant pour demander si cette demande était « sensée ». Il alla tout simplement de l'avant sans questionnement. Dieu ne voulait évidemment pas qu'Abraham sacrifie son fils. Dieu donna cet ordre « non raisonné » afin de tester son obéissance. Abraham fut généreusement récompensé pour cela.

Ainsi, ce n'est pas en obéissant que lorsque l'on est d'accord avec l'ordre ou que celui-ci nous plait que je vais gagner des points. C'est au contraire lorsque je ne suis pas du tout d'accord avec ce qui m'est demandé que je serai le plus récompensé. Exemple : mon père me demande de me préparer pour sortir dîner dans mon restaurant préféré ; mon « oui papa ! » n'a ici aucune valeur aux yeux de Dieu. En revanche, dire « oui papa » ou « oui maman » à « aide-moi à dégager la neige, tondre la pelouse ou faire la vaisselle » vaut une grande récompense aux yeux de Dieu.

Un aspect important de l'obéissance est qu'elle doit être « selon le Seigneur » comme mentionné ci-après : « Enfants, obéissez à vos parents, selon le Seigneur, car cela est juste. » (Éphésiens 6 : 1)

Aussi, l'ordre doit être basé sur les enseignements de la Bible car « Il faut obéir à Dieu plutôt qu'aux hommes. » (Actes 5 : 29)

S'entrainer à l'obéissance

Ayant discuté avec mon père de confession au préalable et prier le Seigneur de me guider et de m'aider dans mon effort vers l'obéissance, je peux maintenant commencer à travailler vers cette vertu. Pour cela, je commence dès le début de la journée à passer en revue toutes les chances que Dieu me donne de pratiquer cette vertu magnifique. Ensuite, je devrais décider de ma détermination d'être obéissant tout au long de la journée envers mes parents, mon professeur, mon mari ou ma femme. Je dois me dire : « je le fais pour Dieu et non pour eux ». Une fois cette résolution prise, je dois m'y tenir. Cela peut être difficile au début, surtout si un de mes parents me demandent de l'aide alors même que ma série préférée passe à la télévision ! Je dois m'obliger et me forcer à le faire afin de réussir à appliquer cette belle vertu dans ma vie.

Si la tâche demandée est vraiment ennuyeuse, il suffit de me dire que mes parents croient que je leur obéis, mais en fait je le fais pour mon propre bien ! Et si la tâche est absurde, je dois me consoler en me disant que la récompense viendra de Dieu et non pas de mes parents, de mon mari ou ma femme.

En revanche, éviter de me questionner sur le caractère raisonnable de la tâche est la meilleure chose à faire. Il me suffit d'accomplir la tâche pour acquérir la vertu de l'obéissance. D'ailleurs, plus la tâche sera dérisoire, plus la vertu sera acquise rapidement. Un exemple classique donné dans le magnifique livre

« La Voie des Ascétiques » raconte l'histoire d'une femme qui dit à son mari de prendre un parapluie avec lui en sortant car elle prédit de la pluie. L'homme regarde par la fenêtre et voit un grand soleil et aucun nuage ; il se dit qu'il n'y a aucune chance qu'il pleuve ! il a peut-être raison, mais il s'agit là d'une occasion unique de pratiquer l'obéissance. Et si les gens dans la rue le regardaient bizarrement, lui, au moins, saurait pourquoi il avait un parapluie.

Être obéissant, c'est être prompt à la demande. Les deux réponses classiques que l'on entend souvent des jeunes sont : « est-ce que je dois vraiment le faire ? » et « j'arrive ! » sans jamais venir. Si je suis sérieux dans mon entrainement vers la vertu de l'obéissance, je dois m'efforcer d'être prompt.

L'histoire d'un moine appelé « Marc le Calligraphe » illustre très bien ce propos. Il vivait au monastère avec d'autres moines. Ces derniers allèrent se plaindre à l'évêque principal du fait que le grand père du monastère avait une préférence pour Marc par rapport au reste des moines. L'évêque vint au monastère pour comprendre et interrogea le grand père qui voulut lui expliquer. Pour ce faire il emmena l'évêque et allèrent toquer aux cellules de chacun de moines pour à chaque fois entendre « j'arrive ! » et ne voir la porte s'ouvrir que quelques minutes plus tard. Lorsqu'ils toquèrent à la porte de Marc, la porte s'ouvrit instantanément. Le grand père emmena même l'évêque à l'intérieur de sa cellule pour lui montrer le lieu où Marc travaillait et où ils purent apercevoir un manuscrit que Marc rédigeait et dont le dernier mot avait une dernière voyelle inachevée. Ils comprirent donc que Marc n'avait pas attendu de finir d'écrire la voyelle avant d'ouvrir la porte. Quand l'évêque vit cela, il dit au grand prêtre

« Je comprends non seulement pourquoi tu l'aimes autant, mais je l'aime tout autant aussi ! »

Combien de temps dois-je appliquer tous ces exercices ? Si je suis sincère et pointilleux, implanter cette vertu peu à peu dans mon âme ne devrait probablement pas prendre plus de deux semaines. Ce sera difficile au début, mais plus tard, ce sera fait sans effort. L'obéissance deviendra ma deuxième nature !

La patience

L'importance de la patience nous est donnée par le Seigneur Lui-Même. Lorsque le Seigneur évoque la Grande Tribulation qui viendra avant son Second Avènement, Il nous dit « Vous serez haïs de tous, à cause de mon nom ; mais celui qui persévérera jusqu'à la fin sera sauvé. » (Matthieu 10 : 22) Puis Il nous dit « par votre persévérance vous sauverez vos âmes.»

(Luc 21 : 19) Lorsque le Seigneur parle des jours qui précèdent son Second Avènement, Il nous dit « Mais, quand le Fils de l'homme viendra, trouvera-t-il la foi sur la terre ? » (Luc 18 : 8)

Puis Il nous dit « Et, parce que l'iniquité se sera accrue, la charité du plus grand nombre se refroidira. » (Matthieu 24 : 12)

Cela revient à dire que la foi et l'amour se verront affaiblis durant ces jours de grand danger, « mais celui qui persévérera (sera patient) jusqu'à la fin sera sauvé. » (Matthieu 10 : 22)

Avec la patience, je suis capable de sauver mon âme. Il s'agit probablement de la vertu qui me sauvera à l'arrivée de ces jours difficiles. Le livre de l'Apocalypse, qui mentionne également les derniers jours, insiste sur l'importance de la patience pour faire face aux difficultés rencontrées durant ces jours « C'est ici la persévérance des saints, qui gardent les commandements de Dieu et la foi de Jésus. » (Apocalypse 14 : 12)

En revanche, la patience ne nous est pas seulement vital pour surmonter les derniers jours avant la fin ; elle est tout autant importante pour notre vie spirituelle aujourd'hui « Car vous avez besoin de persévérance, afin qu'après avoir accompli la volonté de Dieu, vous obteniez ce qui vous est promis. » (Hébreux 10 : 36)

D'ailleurs, même après avoir fait la volonté de Dieu, nous nous devons d'être patient avant de recevoir les promesses « Soyez donc patients, frères jusqu'à l'avènement du Seigneur. Voici, le laboureur attend le précieux fruit de la terre, prenant patience à son égard, jusqu'à ce qu'il ait reçu les pluies de la première et de l'arrière-saison. » (Jacques 5 : 7)

La patience est ce qui nous permet d'aller de l'avant et de lutter vers la perfection, tendant, avec espoir, vers « le fruit précieux ». Ainsi, comme le dit Saint Paul dans Hébreux 12 : 1 « courons avec persévérance dans la carrière qui nous est ouverte. »

S'entrainer à la patience

Comme avec n'importe quelle autre vertu, il faut veiller à

toujours demander conseil à mon père de confession. Ensuite, je dois demander à Dieu de me guider à travers les nombreuses opportunités qu'il me présente chaque jour afin que je pratique ma patience. En revanche, je dois m'abstenir de prier de la sorte « Dieu, donne-moi la patience, et tout de suite ! »

Dieu, par son amour pour nous, nous donne de nombreuses occasions de pratiquer d'acquérir la patience. Cependant, n'étant pas toujours « connectés » avec Dieu, il nous arrive de passer outre ces opportunités et de manquer d'en profiter en temps voulu. Voici un exemple concret : cela fait déjà deux mois que je suis sans emploi et que je cherche du travail. J'ai envoyé une multitude de candidatures, mais je n'ai aucun retour positif. Je prie avec ferveur et je ne reçois toujours rien. Je commence à m'en prendre à Dieu en me disant : « pourquoi Dieu me fait-il cela ? » la réponse est toute simple : Dieu est en train de me donner une opportunité en or de pratiquer la patience. Tandis qu'il pourrait me donner un job en un clin d'œil, Dieu a décidé et me donner la chance de me rapprocher du Royaume des Cieux à travers la vertu de la patience. Ainsi donc, Dieu me donne cette chance de pratiquer et d'acquérir patience et persévérance et, plus vite je m'y mettrai, plus vite j'obtiendrai mon emploi !

Ce qui arrive souvent dans ce genre de situation est le fait que je suis si absorbé par le problème, essayant de savoir pourquoi Dieu me fait cela ou de résoudre le problème moi-même, que je ne réalise pas pourquoi Dieu, dans Sa grande miséricorde m'a envoyé le problème.

Saint Paul nous dit dans Romains 8 : 28 « Nous savons, du reste, que toutes choses concourent au bien de ceux qui aiment Dieu ».

Ainsi, tout ce qui m'arrive est pour mon bien, tant que j'aime Dieu. En d'autres termes, une personne ayant bien compris ce principe devrait, dès qu'un problème se pose, se demander quel message Dieu veut-il lui envoyer et quelle vertu souhaite-t-il que je pratique. Saint Paul nous dit dans Hébreux 12 verset 11 « Il est vrai que tout châtiment semble d'abord un sujet de tristesse, et non de joie ; mais il produit plus tard pour ceux qui ont été ainsi exercés un fruit paisible de justice. »

L'interprétation de ce verset est très claire : malgré le fait qu'au début, lorsqu'un problème surgit, il n'apporte avec lui aucune joie ni excitation, si nous le mettons à profit et que nous l'utilisons comme un exercice de patience, les fruits de la vertu nous donneront paix et joie. « Mes enfants me rendent folle ! », me dit un jour une maman. Je lui répondis « vous en avez là de la chance ! vos enfants sont l'école de la vertu qui vous mènera à la Vie Éternelle, remerciez Dieu ! »

La Bible nous dit et nous répète que les « problèmes » nous sont vitaux en ce qu'il nous apprenne la patience « sachant que l'épreuve de votre foi produit la patience. Mais il faut que la patience accomplisse parfaitement son œuvre, afin que vous soyez parfaits et accomplis, sans faillir en rien. » (Jacques 1 : 3 - 4) Cela veut dire que les épreuves et tribulations nourrissent la patience qui est en nous, mais aussi que notre travail doit être perfectionné à travers la pratique avant d'atteindre notre but ultime de perfection chrétienne.

Saint Paul nous explique la même notion dans Romains 5 versets 3 et 4 « l'affliction produit la persévérance, la persévérance la victoire dans l'épreuve. »

Une fois que nous aurons compris que toutes les difficultés auxquelles nous devons faire face sont pour notre bien, et que par elles, nous pouvons pratiquer la patience, il sera plus facile pour nous d'acquérir cette vertu salvatrice.

Ayant reconnu le « problème » comme étant finalement une opportunité, je dois préparer mon esprit à travailler la vertu du maximum que je peux, ou « il faut que la patience accomplisse parfaitement son œuvre » comme nous le dit Saint Jacques.

Si cela fait deux mois que je n'ai pas passé d'entretiens, je dois en tirer quelque chose « si j'ai besoin de deux ans sans travail pour acquérir la patience parfaite, alors je le ferai ».

Je dois me consoler en me disant « Dieu m'aime, et c'est pour cette raison qu'il veut me donner l'incorruptible et non le corruptible, le céleste et non le terrestre, l'éternel au lieu du temporel. » Je dois me fortifier en me disant : « plus rapidement j'arriverai je me résignerai à « endurer jusqu'à la fin », plus vite Dieu résoudra mon problème. Un des saints dit un jour « tu ne peux décrire toi-même à quelqu'un quel goût a le miel, il faut qu'il le goûte lui-même ».

Cela revient à dire que je dois essayer par moi-même d'endurer l'épreuve.

Je dois m'exercer à cette vertu avec foi avant de commencer à goûter aux résultats « mielleux » de l'exercice.

Les résultats valent d'ailleurs le coup, car ils dureront avec moi. Une fois l'exercice achevé avec succès, l'expérience demeurera en moi jusqu'à la fin de ma vie. Je serai capable de revivre ma détermination par temps de difficultés et me rappeler les résultats qui en ont découlé et comment Dieu, après m'avoir donné la grâce de la patience pendant la tribulation, m'en a aussi libéré et m'a donné plus que ce que je n'ai jamais espéré.

Me voilà maintenant bien enraciné dans l'exercice de la patience, prêt à passer à l'étape supérieure de l'échelle des vertus menant à la perfection chrétienne.

CHAPITRE SEPT

Douceur

La Douceur est un « fruit de l'Esprit Saint » (Gal 5 : 23). Le Seigneur nous exhorte lui-même à la douceur en nous disant « Prenez mon joug sur vous et recevez mes instructions, car je suis doux et humble de cœur ; et vous trouverez du repos pour vos âmes. Car mon joug est doux, et mon fardeau léger. » (Matthieu 11 : 29 - 30)

Comment imiter la douceur du Christ ? Voyons ce que la Bible nous dit sur Sa conduite « Il ne criera point, il n'élèvera point la voix, Et ne la fera point entendre dans les rues.

Il ne brisera point le roseau cassé, Et il n'éteindra point la mèche qui brûle encore ; Il annoncera la justice selon la vérité. » (Ésaïe 42 : 2 - 3).

Le prophète Esaïe décrit ainsi le Seigneur de manière prophétique. L'image qu'il nous dépeint est celle de quelqu'un de calme, qui parle doucement et qui interagit de façon pacifique avec les autres. En d'autres termes, il s'agit d'une personne qui a une colère maîtrisée.

Saint Paul nous exhorte dans Romains 12 : 18 « S'il est possible, autant que cela dépend de vous, soyez en paix avec tous les hommes. »

De nos jours, la colère est un problème réel et qui survient à tout âge. Il peut s'agir d'agressivité au volant ou de tout autre type et sans cause. L'influence que la télévision, les films, les jeux-vidéos et même les dessins animés ont sur nous, nous conditionne à la colère. Il n'est d'ailleurs pas étonnant que les cours de « maîtrise de la colère » soient maintenant très populaires.

Les degrés de la douceur

Les Pères du désert nous livrent des degrés de douceur. Ils correspondent aux degrés de fructification dont le Seigneur parle dans la parabole du Semeur « Une autre partie tomba dans la bonne terre : elle donna du fruit, un grain cent, un autre soixante, un autre trente. » (Matthieu 13 : 8)

Le premier degré n'est pas de rendre le mal par le mal. Saint Paul nous exhorte dans Romains 12 verset 17 « Ne rendez à personne le mal pour le mal. Recherchez ce qui est bien devant tous les hommes. » Saint Pierre nous dit la même chose dans sa Première Épître chapitre 3 verset 9

« Ne rendez point mal pour mal, ou injure pour injure ; bénissez, au contraire, car c'est à cela que vous avez été appelés, afin d'hériter la bénédiction. »

Notre Seigneur était l'exemple parfait sur terre « lui qui, injurié, ne rendait point d'injures, maltraité, ne faisait point de menaces, mais s'en remettait à celui qui juge justement » (1 Pierre 2 : 23)

Le second degré est d'accepter les insultes sans perdre notre paix intérieure. Certaines personnes ne rendent pas le mal par le mal, certes, mais au fond d'eux, elles sont pleines de rage. Elles sont remplies de pensées de colère et de désir de revanche.

Ces personnes se trouvent éloignées du deuxième degré de la douceur. Différents exemples parmi les Pères du désert nous illustrent que ce deuxième degré est bel et bien possible.

Saint Jean Colobos était un moine tellement renommé que les gens venaient de loin le voir et l'entendre. Un autre moine était jaloux de lui et lui dit un jour devant toutes les personnes présentes « Jean, tu es comme une trainée qui exhibe son corps devant ses amants. » Jean lui répondit « Mon frère, tu dis cela seulement en voyant mon extérieur ; et si tu voyais mon intérieur, que dirais-tu ? »

Les gens autour lui demandèrent « as-tu été agité intérieurement par ses insultes ? » ils leur répondirent « ce que Jean ressent de l'extérieur est exactement ce qu'il ressent à l'intérieur. »

Il y avait des moines venus de Syrie qui avaient entendu parler de la renommée des moines égyptiens. Ils se rendirent donc dans un monastère égyptien afin de voir leur comportement. Il était coutume pour les moines égyptiens de manger tôt s'ils avaient des visiteurs afin de ne pas imposer leur ascétisme aux autres. La table ainsi dressée pour les visiteurs venus de Syrie, ils pensèrent au fond d'eux-mêmes « ces moines égyptiens sont si laxistes ; nous persévérons dans le jeûne jusqu'à la fin de la journée et les voici prêts à manger à la neuvième heure ! ».

Le moine directeur du monastère, percevant leurs pensées, décida de leur apprendre une leçon. Un vieux moine passait autour de la table distribuant du pain et quand arriva le tour du grand père, ce dernier gifla violemment le vieux moine. Il poursuivit toutefois son tour de table et continua de distribuer le pain avec la même expression sur le visage. Les moines syriens se prosternèrent alors devant le moine en disant « pardonne-nous Abba, car nous arrivons à persévérer sans nourriture plus longtemps mais nous n'arrivons pas à contrôler nos passions comme vous le faites ».

Le troisième degré est ainsi la personne insultée se sentant affligée d'avoir causé à son frère ou à sa sœur de tomber dans le péché.

S'entraîner à la douceur

Une fois de plus, après avoir parlé à notre père de confession, tournons-nous vers la prière. Demandons au Seigneur de nous apprendre comment être doux comme lui « Seigneur, tu as dit recevez mes instructions, car je suis doux et humble de cœur ; apprends-moi ta douceur, afin que je trouve du repos pour mon âme. »

L'étape suivante est de me raisonner vers ce chemin. La paix est un cadeau que Dieu nous a donné Lui-Même « Je vous laisse la paix, je vous donne ma paix. » (Jean 14 : 27)

À chaque fois que je cède à la colère, je perds ma paix, c'est-à-dire le précieux cadeau que Dieu m'a donné personnellement. C'est comme si je prenais ce cadeau et que je le jetais par la fenêtre. Imaginons qu'un évêque m'offre un cadeau, le jetterais-je par la fenêtre ? La réponse est non.

Comment donc agir de la sorte avec ce que le Christ m'a donné ?

Une fois cette disposition ancrée dans ma tête, faisons l'exercice suivant suggéré par Théophane Le Reclus. Le matin, après avoir prié, passons en revue toutes les situations qui pourraient survenir et qui pourraient causer la perte de mon tempérament. Imaginons le pire scénario de la journée et demandons-nous s'il mérite que nous fassions mauvais usage du cadeau de Dieu qui est la paix. Si je procède à l'étude de ma pensée, ma réponse sera un « non » sans équivoque. Résous-toi donc à ne pas laisser ta paix être secouée si une des situations envisagées venait à arriver.

Depuis le temps que je fais cet exercice, que j'ai d'ailleurs découvert dans un livre appelé « Combat Invisible », je peux dire qu'il fonctionne réellement.

Les résultats ont été au-delà de mes attentes, ce que peuvent attester toutes les personnes à qui je l'ai donné et qui l'ont appliqué avec sérieux.

Une mère de quatre enfants ayant appliqué l'exercice à la lettre me dit un jour : « mes enfants me demandent si quelque chose ne va pas chez moi ».

Il s'avère que tout va bien chez elle ; la seule différence est qu'elle profite pleinement de la paix que le Christ lui a donnée, et qu'Il nous donne à tous sans que nous en apprécions la valeur.

L'arme ultime, pour être confirmé dans cet état de paix interne, ne peux être atteinte qu'en atteignant le niveau supérieur « Priez pour ceux qui vous maltraitent et qui vous persécutent » (Matthieu 5 : 44). Rien ne confirme autant la paix du Christ dans nos cœurs que de prier pour ceux qui nous détestent et nous blessent. Encore une fois, cela fonctionne, il faut juste essayer. Si nous le faisons avec zèle, nous serons capables d'atteindre le stade « d'aimer nos ennemis », aussi demandé par le Christ dans le même verset.

Celles et ceux qui ont suivi cette exhortation avec sérieux ont été récompensés d'une paix pérenne que personne ne peut leur arracher.

Il y a plusieurs années, je connaissais un jeune homme en Égypte qui était haut placé au sein d'une entreprise. Il était copte et, être copte en Égypte peut parfois être synonyme de problèmes, surtout à un poste convoité. Ce jeune homme travaillait dans une zone recluse en Égypte et avait un supérieur (vice-président de la boite) très fanatique. Son but était de virer coûte que coûte le jeune homme copte et de le remplacer par quelqu'un d'une autre religion.

De longues années durant, il montait des plans pour le piéger et l'accuser à tort de crimes qu'il n'avait pas commis. D'ailleurs, lorsque la police venait enquêter sur place pour des plaintes anonymes contre lui, on lui disait qu'il était le bouc-émissaire de quelqu'un. Quand les tentatives de le mettre en prison échouèrent toutes, son supérieur pensa même à le tuer ! Le jeune Copte apprit cela de l'agent de police (d'ailleurs musulman) bienveillant qui lui révéla en secret que quelqu'un avait été payé pour le tuer et qu'il devait faire attention de ne pas sortir la nuit. Tout au long de cette dure épreuve, le jeune homme priait et lisait la Bible. A chaque fois qu'il ouvrait la Bible, il tombait sur le passage de Matthieu chapitre 5 verset

44. Il s'entêta donc à demander à Dieu s'il voulait vraiment qu'il prie pour cet homme qui ne lui causa que misère et qui voulait désormais le tuer. A chaque fois, la réponse était un « oui » formel.

Après de nombreux tumultes dans son cœur, il décida de suivre aveuglement ce que la Bible lui disait. Il commença donc à prier pour son supérieur.

Au début, il ne priait que superficiellement, avec ses lèvres et non son cœur. Mais alors qu'il persévérait dans son exercice, quelque chose de merveilleux arriva. Il commençait à prier pour lui de tout son cœur. L'animosité et la rancœur qui l'animaient furent remplacées petit à petit par de la pitié. Il pensait en lui-même « si je n'étais pas né chrétien, j'aurais sûrement fait la même chose que cet homme »

« Et même l'heure vient où quiconque vous fera mourir croira rendre un culte à Dieu. » (Jean 16 : 2).

Il avait désormais de la pitié pour son supérieur « ce pauvre homme pense qu'il fait la volonté de Dieu en me persécutant, tout comme Paul de Tarse, qui pensait qu'il faisait une faveur à Dieu en détruisant l'Église. Cela aurait pu être moi, si Dieu ne m'avait pas choisi d'être son fils. » Il remerciait le Seigneur de lui avoir permis d'être le persécuté et non le persécuteur.

Bonnes actions envers son supérieur et prières à Dieu de lui pardonner s'en suivirent alors. Un jour, le PDG de l'entreprise appela le jeune dans son bureau et lui dit : « j'ai appris ce qu'il se passait entre ton supérieur et toi et la raison pour laquelle il te faisait subir tout cela ; je voulais t'annoncer que je l'avais licencié ! ». Aucune joie se fit ressentir dans le cœur du copte suivant cette annonce. Au contraire, il pensait à ses enfants qui allaient se réveiller en apprenant que leur père n'avait plus de travail.

Nous aussi, mes amis, nous pouvons avoir une paix

intouchable dans nos cœurs si nous prenons la Bible au sérieux et si nous suivons ces exercices avec diligence.

CHAPITRE HUIT

Pourquoi Dieu a-t-il créé la sexualité chez les hommes ? Est-ce seulement pour la procréation ? L'évêque Anba Moussa écrit dans un ancien article du magazine Al-Keraza.

« Chez les animaux, la seule raison pour laquelle Dieu a créé la sexualité est pour la préservation de leur race. C'est d'ailleurs pour cela que les animaux ne sont actifs sexuellement que durant quelques jours ou semaines par an. Pendant cette période, appelée la « période de chaleur », les femelles produisent une odeur qui attirent les mâles afin de s'accoupler, avant que la chaleur ne disparaisse. Le processus est quelque peu différent de celui des humains, seule espèce qui est toujours en chaleur ! Mais pourquoi ? Dieu a voulu que les humains partagent et vivent un amour sanctifié, qui s'apparente à l'amour de Dieu pour Son Église. »

Saint Paul nous dit dans Éphésiens chapitre 5 verset 32 « Ce mystère est grand ; je dis cela par rapport au Christ et à l'Église. »

Il décrit par ce verset le mystère ou Sacrement du mariage.

C'est un sacrement extraordinaire, mais seulement car il reflète la relation entre le Christ et Son Église. Aussi saint et bon que l'usage de la sexualité puisse être dans le Sacrement du mariage, son usage hors mariage est une aberration. Saint Paul rajoute « Que le mariage soit honoré de tous, et le lit conjugal exempt de souillure, car Dieu jugera les impudiques et les adultères. » (Hébreux 13 : 4)

« Fuyez l'impudicité. Quelque autre péché qu'un homme commette, ce péché est hors du corps ; mais celui qui se livre à l'impudicité pèche contre son propre corps. » (1 Corinthiens 6 : 18)

La sexualité au sein du mariage est bénie en tant que Sacrement lui-même à l'image de l'amour entre le Christ et Son Épouse, l'Église. La sexualité hors mariage est distincte de tout autre péché en ce qu'elle souille l'image de l'amour entre le Christ et l'Église « Ne savez-vous pas que vos corps sont des membres de Christ ? Prendrai-je donc les membres de Christ, pour en faire les membres d'une prostituée ? Loin de là ! » (1 Corinthiens 6 : 15)

Saint Athanase le Grand nous présente une belle analogie pour contraster la sexualité à l'extérieur et à l'intérieur du mariage. Il explique « si un soldat part à la guerre et tue vingt soldats ennemis, il est décoré. En revanche, en temps de paix, s'il sort dans la rue et tue une personne, il est condamné. Même s'il s'agit de la même action, l'issue est totalement différente. »

L'amour marital est béni par Dieu qui nous le prouve en décrivant l'amour entre Christ et l'Église (ou l'âme humaine, l'unité de l'Église) dans le livre Cantiques des Cantiques. Il s'agit d'un livre qui est souvent mal interprété et même accusé d'exposer de la pornographie.

Or, il n'y a rien de mal ni de pornographique dans la relation maritale car elle simule l'amour entre le Christ et l'Église. « Maris, aimez vos femmes, comme Christ a aimé l'Église, et s'est livré lui-même pour elle » (Éphésiens 5 : 25)

Ici est toute la différence entre sexualité dans le mariage et sexualité hors mariage. La sexualité pécheresse ne se soucie que de prendre, attraper, exploiter ou encore avoir du plaisir pour soi, alors que la sexualité maritale rime avec « donner ». L'amour sexuel conjugal doit s'inspirer de l'amour du Christ pour son Église, pour laquelle « Il s'est livré lui-même ».

L'amour sexuel conjugal signifie donner de soi et non pas prendre ou voler de l'autre ; c'est ce qui le rend saint car il s'agit d'une qualité chrétienne.

« Fuyez l'impudicité », nous dit Saint Paul ; à quoi certains répondraient « plus facile à dire qu'à faire », ce avec quoi je suis d'accord.

En effet, la chasteté est la vertu la plus difficile à atteindre. Pensant l'avoir saisie, on retombe aussitôt dans son fossé. La Bible nous met en garde contre les dangers de la fornication « Ne savez-vous pas que les injustes n'hériteront point le royaume de Dieu ? Ne vous y trompez pas : ni les impudiques, ni les idolâtres, ni les adultères, ni les efféminés, ni les infâmes, ni les voleurs, ni les cupides, ni les ivrognes, ni les outrageux, ni les ravisseurs, n'hériteront le royaume de Dieu. » (1 Corinthiens 6 : 9 - 10)

La Bible condamne dans ce verset redoutable toutes sortes d'actes sexuels immoraux. Tandis que la fornication est le sexe avant le mariage, l'adultère est le sexe hors mariage. Il s'agit là de deux degrés d'un même péché mais dont la punition diffère pour chacun d'eux. Le fornicateur pêche contre lui-même mais aussi contre son partenaire, tandis qu'une personne adultère pêche contre son corps, son partenaire et son époux. Notons que les actes homosexuels sont eux aussi condamnés. Les « efféminés » et les « infâmes » font référence à l'homosexualité masculine. Les femmes lesbiennes sont aussi condamnées dans la Bible « C'est pourquoi Dieu les a livrés à des passions infâmes : car leurs femmes ont changé l'usage naturel en celui qui est contre nature » (Romains 1 : 26)

Le Seigneur ajoute à cette liste d'actes sexuels immoraux toutes sortes de convoitises charnelles « Mais moi, je vous dis que quiconque regarde une femme pour la convoiter a déjà commis un adultère avec elle dans son cœur » (Mathieu 5 : 28)

Cela va sans dire qu'une femme qui regarde un homme avec désir ou qu'une personne qui regarde une autre du même sexe sera aussi coupable. Aujourd'hui, la liste est d'autant plus allongée à cause de la société dans laquelle nous vivons. La pornographie est devenue une véritable plaie, notamment celle qui implique des enfants. Celle-ci mène aux fantasmes et à la masturbation.

Tandis que la Bible condamne fermement ces actes immoraux, elle ne nous donne pas de consignes précises pour les combattre. Pour cela, il faut nous tourner vers les Pères du désert car ils sont experts en la matière.

Passage en revue des bases

Selon les Pères du désert, avant de s'engager dans la quête vers la chasteté, nous nous devons de passer par des étapes préliminaires. Les voici

Contrôle ton estomac

Il semble difficile pour une personne gloutonne d'atteindre la chasteté selon les opinions communes émanant des pères. Un estomac rempli ravive les passions de la chair. Il va de soi que l'on n'arrive pas à contrôler notre envie de nourriture, il n'en sera pas moins difficile de contrôler l'envie sexuelle.

Contrôle ton sommeil

Selon les Pères, trop dormir contribuerait à augmenter l'appétit sexuel. On se doit de combattre le surplus de sommeil afin d'éviter de tomber dans le péché sexuel. La Bible nous met d'ailleurs en garde contre le sommeil « Paresseux, jusqu'à quand seras-tu couché ? Quand te lèveras-tu de ton sommeil ? » (Proverbes 6 : 9)

« N'aime pas le sommeil, de peur que tu ne deviennes pauvre. » (Proverbes 20 : 13)

Contrôle ton tempérament

Les Pères insistent sur le fait que si nous ne parvenons pas à maîtriser notre colère, il sera alors difficile de maîtriser les plaisirs charnels. En classifiant les péchés par catégorie, les Pères mettent ensemble colère et fornication dans la même catégorie de « péché d'excitation ».

Un des Pères affirme même que le démon de la colère et celui de la fornication sont les mêmes. Ainsi, quelqu'un de facilement colérique sera plus enclin à pencher vers les désirs de la chair.

Les Pères nous disent à ce sujet : « Lorsqu'une personne progresse dans la douceur et la patience du cœur, elle progresse également dans la pureté du corps. Plus le tempérament colérique se voit repoussé, plus il sera aisé de s'attacher à la chasteté. » (Tiré de la 2ème conférence de l'évêque Chaeremon par Jean Cassien dans « Les Conférences »)

Il existe deux autres facteurs que j'ai pu tirer de mon expérience avec les jeunes et que j'aimerais partager

L'alcool

L'alcool est une substance qui ravive les passions de la chair d'une façon très puissante. Ainsi, même avec très peu d'alcool, il est davantage difficile de résister aux plaisirs charnels. Le grand Shakespeare fit témoignage de cela dans une de ses pièces de théâtre en décrivant l'effet du vin sur l'attitude sexuelle « il crée le désir mais déprave de la performance ! »

Durant mes longues années de service en tant que prêtre, j'ai entendu beaucoup d'histoires horrifiantes sur l'ébriété et la fornication ; mais une de celles qui m'a le plus marqué est la suivante. Il s'agit d'une jeune adolescente de 16 ans, d'origine allemande et très pieuse. Elle venait garder des enfants à la maison quand ils étaient encore petits. Les parents en étaient très contents car elle lisait la Bible aux enfants, chose très rare en notre temps. Un jour, sa mère lui dit : « tu n'as pas de vie sociale ! pourquoi n'irais-tu pas fêter la nouvelle année avec les voisins ? » elle accepta d'y aller.

Ce soir-là, quelqu'un lui donna une boisson de couleur orange mais au goût quelque peu étrange. Elle accepta de boire. Ce qui s'en suivit n'était que malheurs. Elle perdit sa virginité puis tomba enceinte d'un homme marié avec des enfants. Sa mère, infirmière retraitée, lui refusa l'avortement et repris le travail afin qu'elle puisse subvenir aux besoins du bébé. Six mois plus tard, elle mourut d'une crise cardiaque.

Danse

Danser est une des manières les plus communes de séduction en début de relation. Dans ce contexte, j'ai encore une fois en mémoire une histoire horrifiante à partager. Durant les années 1980, j'ai dû partir aux États-Unis pour remplacer un autre prêtre parti en vacances. Après la communion, une jeune fille de 13 ans s'approcha de moi car elle voulait se confesser. Je l'ai donc emmené au bureau du prêtre puis elle se mit à pleurer en sanglotant. J'essayais de la calmer et de lui demander pourquoi est-ce qu'elle pleurait et elle se mit enfin à parler « j'ai eu un relation sexuelle ».

Il s'est avéré qu'elle s'était rendue à une soirée dansante avec un jeune de 15 ans. La soirée n'était pas encore terminée qu'elle avait perdu sa virginité. Je lui demandais « t'a-t-il violé ? »

Puis elle me dit « non, Père, je le voulais autant que lui. Entre la musique, les lumières et nos corps proches, rien ne me retenait de le faire ».

Si l'on revient maintenant aux pères de l'Église qui nous

disent que même si l'on contrôle notre faim, notre sommeil et notre colère, il nous faudra quand même une autre vertu avant d'atteindre la chasteté.

Ils nous disent « aspire à la chasteté et ensuite aspire à la chasteté, car sans humilité, tu ne peux atteindre la chasteté ». Le problème le plus commun dans notre combat avec les désirs charnels est le surplus de confiance en soi-même « je vais d'abord faire ceci, puis cela, et je crierai victoire ! »

Permettez-moi de vous apprendre un adage sur la lutte spirituelle.

Toute action qui débute avec « je » est vouée à l'échec.

A moins d'arrêter de compter sur soi, j'échouerai encore et encore. Je ne connais personne qui a su vaincre les désirs charnels par lui-même. A ce sujet, un des pères de l'Église nous dit :

« Nous nous trouvons incapable d'atteindre la chasteté par nos efforts seuls, à moins que, en faisant pression sur soi de façon constante, nous comprenions du fait de notre expérience, que la chasteté nous est donnée par le don de la Grâce divine. Pour cette raison, nous devons persévérer sans repos afin que nous méritions d'être libéré des attaques de la chair, grâce au don de Dieu. Nous devons nous convaincre que nous n'atteindrons pas la chasteté du corps par notre seule capacité.

(Tiré de la 2ème conférence de l'évêque Chaeremon par Jean Cassien dans « Les Conférences »)

Quand j'essaie d'expliquer ce concept à des jeunes, je leur donne la comparaison suivante.

Imaginons un enfant qui essaie d'atteindre un jouet placé sur une table.

La table étant trop haute pour lui, il essaie de se mettre sur la pointe des pieds, sans succès. Il essaie de sauter ou de grimper sur des objets mais il finit par tomber et se blesser. Totalement frustré, il commence à pleurer. Son père, qui l'observe depuis le début, attrape le jouet et le donne à son fils. L'enfant n'a pas réussi à obtenir le jouet par ses efforts seuls. Mais ses efforts ont tout de même permis d'attendrir le cœur du père qui finit par l'aider.

Le problème est qu'en agissant de la sorte, nous essayons plusieurs fois, nous tombons puis, dans notre frustration, nous pleurons avant que Dieu nous donne un peu de répit dans notre bataille. Cependant, tôt ou tard, le diable essaiera de nous convaincre que cette éclaircie émane de moi et non de Dieu.

Dès lors que je me mets à penser cela, je reviens à la case départ. Ce qui est d'autant plus absurde, c'est que nous sommes pris dans ce cercle vicieux et que nous ne cessons de refaire la même erreur sans jamais comprendre pourquoi nous retombons à chaque fois.

L'évêque Chaeremon se prononce à ce sujet :

« Il est victoire notable de ne pas s'attendre à une amélioration grâce à nos propres efforts pour ceux qui combattent l'esprit de fornication. Cela se trouve être difficile même pour un expérimenté. Car dès que survient un semblant de pureté, l'on flatte notre conscience avec une certaine fierté de laquelle elle s'échappe. L'on pense que nous y sommes parvenus par notre zèle assidu. Ainsi, il nous est nécessaire d'être privé de la protection divine et d'être oppressé par ces passions que la puissance de Dieu avait éteintes, avant que nous réalisions avec l'expérience que nous sommes incapables d'atteindre la pureté par notre force et peine seules. »

Et ainsi de suite, la grâce de Dieu fait transparaître une lueur chaste, jusqu'à retomber dans le piège, encore et encore, voler le travail de Dieu et s'attribuer les efforts. Cela dure jusqu'au moment où l'on réalise enfin que seule la Grâce de Dieu peut nous donner la pureté.

Que faire donc quand je tombe dans ce piège ?

Il faut tout d'abord savoir que Dieu permet ces chutes pour notre bien.

Ensuite, il faut prendre conscience que notre fierté est la cause de ces chutes, puis demander à Dieu de nous redonner sa Grâce.

L'évêque Chaeremon nous dit :

« Quand quelqu'un commence à se réjouir pendant une certaine période de chasteté, croyant qu'il ne retombera plus dans le péché, il commencera à s'en vanter. Mais quand il se retrouvera abandonné du Seigneur pour son propre bien, il se rendra compte que l'état de pureté dans lequel il a mis toute sa confiance le délaisse. C'est alors qu'il reviendra de sitôt vers l'Auteur de son intégrité. Dieu nous entraîne avec ces épreuves jusqu'à ce que nous soyons confirmé par Sa Grâce dans la pureté recherchée. »

Cet entraînement peut durer des années avant l'atteinte de la chasteté.

Il est cependant nécessaire car il nous donne l'expérience pour combattre la fornication mais aussi la fierté et l'attitude moralisatrice. Ne soyons pas inquiets si nous continuons à tomber dans le même piège car la tâche n'est pas facile, même pour l'expérimenté comme nous le dit l'évêque Chaeremon.

Amma Sarah, une des plus grandes femmes ascétiques du désert a lutté contre la fornication pendant 14 ans, jusqu'à ce que Dieu la libère de ses passions, à l'image de Saint Moïse le Noir. Enfin, quand nous nous sentons humiliés du nombre de fois que nous avons cru que nous avions triomphé, pour finalement se rendre compte du contraire, nous tombons dans l'état de « petitesse du cœur » et nous admettons notre défaite ainsi que notre inhabilité totale de gagner cette guerre. C'est alors que Dieu intervient et nous donne un peu de répit par pitié pour nous.

Maintenant que nous avons connu l'humiliation à cause de notre performance lamentable, la Grâce nous surprend, notre guerre intérieure cesse et les tentations ne nous dérangent plus. C'est alors que nous sentons dans nos cœurs une chaleur intense car nous savons à présent avec grande certitude que cette « mort soudaine » des passions charnelles qui nous envahissent est un don de la Grâce de Dieu et totalement indépendante de nos efforts.

La lutte pour la chasteté

Comme pour toute autre vertu, la prière doit être le pilier de la lutte vers l'atteinte de la chasteté. Je dois montrer à Dieu que j'aspire vraiment à la chasteté et que ce ne sont pas seulement des paroles en l'air.

Je me dois de développer en moi de la haine pour l'impureté car je ne peux tromper Dieu en lui demandant de me donner la pureté alors qu'au fond de moi, je suis toujours attaché au péché.

Que faire si je n'y parviens pas ? Des jeunes viennent parfois me voir en me disant qu'ils veulent se repentir mais qu'ils n'arrivent pas à haïr le péché. Je leur réponds en leur disant de se tourner vers Dieu et de lui parler en toute honnêteté de ce qui nous ronge de l'intérieur en disant « crée en moi un cœur pur ô Dieu ». La prière des Offrandes qui est dite durant l'office de l'Encens de l'Aube est une prière magnifique qui demande à Dieu de récompenser ceux qui ont offert des oblations à Dieu.

La prière demande également de recevoir les offrandes de ceux « qui veulent offrir mais qui ne peuvent pas ».

Inspirons-nous de cette prière et jetons-nous aux pieds du Seigneur en lui disant « Seigneur, je suis l'un de ceux qui veulent T'offrir mais ne le peuvent pas. J'aimerais t'offrir un réel désir de pureté mais je n'y arrive pas. »

Saint Augustin est passé par ce stade et s'adressait à Dieu en disant : « Mon Dieu, je veux me repentir, mais pas tout de suite car je n'ai pas encore profité de tous les plaisirs ! ». Dieu ne l'abandonna pas et celui qui a vécu 30 ans dans le péché est devenu évêque !

Attention à ne pas faire des vœux de chasteté à Dieu ou Lui faire des promesses vides car nous n'avons pas de contrôle là-dessus !

La prière doit être accompagnée d'un effort sincère de combattre l'impureté. Cela n'a pas de sens de prier Dieu de me donner la pureté alors même que je regarde du contenu pornographique ou que je m'adonne à des pensées mauvaises sans essayer de les combattre. Il ne faut pas s'attendre à des résultats immédiats en réponse à mes « efforts » car cela serait arrogant de ma part. Seul Dieu connait mon progrès. A moi de me battre du mieux que je peux sans me soucier du résultat final car Dieu se souviendra plus de mes efforts que de mes résultats.

Dieu sait que je ne fais pas le poids contre le diable et Il ne s'attend pas à ce que je l'emporte contre lui. Il veut seulement que je lutte avec courage même si je perds à la fin.

L'évêque Théophane le Reclus donne une belle analogie à ce sujet

« Si un soldat, face à l'ennemi, continue de se battre jusqu'au point d'être gravement blessé, il sera considéré comme héro. S'il voit l'ennemi, lève le drapeau blanc et se rend, il sera considéré comme traître et sera puni en conséquence. »

Même si j'ai l'impression que j'ai perdu, Dieu me le compte comme une victoire. Une histoire racontée dans « La Vie d'Antoine » écrit par Saint Athanase en est une belle illustration.

Saint Antoine était tenté par le diable de multiples façons. Il lui apparaissait sous la forme d'animaux féroces pour l'effrayer ou de femmes ou d'or pour le tenter, mais Saint Antoine résistait. Le diable finit par lui apparaitre sous une forme horrifiante et se mit à le frapper violemment jusqu'à ce qu'il perde conscience. Quand son disciple le retrouva dans cet état, il le porta puis l'emmena à l'église la plus proche. Lorsque Saint Antoine repris ses esprits, il regarda vers le ciel et vit le plafond de l'église ouvert. C'est alors que le Seigneur lui apparut assis sur Son trône de Gloire. Saint Antoine eut pitié de lui-même et dit au Seigneur « où étais-tu mon Dieu quand le diable me battait ». Le Seigneur lui répondit : « J'étais juste à côté Antoine, mais tu t'en sortais tellement bien que J'ai décidé de ne pas intervenir afin que tu ne perdes pas ta récompense. »

Comme nous pouvons le voir, alors que Saint Antoine vit en son affrontement avec le diable une défaite, le Seigneur vit une victoire qui méritait récompense. La morale de l'histoire est la suivante : bats-toi sans te soucier du résultat de la bataille.

Les ruses de l'ennemi

L'ennemi essaie de mettre sur notre chemin le plus d'obstacles et de ruses possible pour que nous abandonnions la lutte.

Voici ses techniques les plus connues

- Je résiste pendant longtemps puis j'abandonne. Le diable me suggère alors que puisque tout est déjà perdu, pourquoi ne pas se laisser aller encore un peu et réessayer plus tard.

Attention, je me suis battu avec courage jusqu'à maintenant, tout n'est pas perdu et je n'ai pas perdu la guerre. J'ai seulement été blessé dans la bataille. Il ne faut surtout pas que je cède et que je me vautre dans mon impureté. Cela serait une trahison ! Si je tombe pendant ma lutte, je mérite une reconnaissance. Me dire, comme le diable me le suggère, que « tout est perdu » et que « ça n'a plus d'importance » signifie l'aider à me voler ma reconnaissance. Relevons-nous donc, reprenons le combat et ne nous laissons pas abattre par des pensées de défaites. Car Dieu, qui a enduré les tentations du diable, aura pitié de toi et t'aidera.

- Autre ruse du diable : le diable me chuchote à l'oreille « à la fin, tu vas perdre de toute façon ; à quoi bon lutter ? ».

Un jour, ces paroles tombèrent dans l'oreille d'un moine qui lui répondit : « un coup pour moi et un coup pour toi ! » comme s'il s'agissait d'un match de boxe durant lequel les deux adversaires se donnaient le maximum de coups quel que soit le nombre de coups qu'ils recevaient. Ce n'est qu'à la fin du match qu'ils connaîtront le score.

- Parfois aussi, nous tombons dans le péché, nous nous sentons coupables et nous voulons revenir vers Dieu en lui demandant pardon. Mais, le diable nous réprimande alors en disant « comment oses-tu montrer ta face ou parler à Dieu après ce que tu as fait ! Tu dois attendre quelques heures ou jours pour que tu redeviennes « propre » et avant de te remettre à prier ! » Ceci est totalement faux. Il nous faut retourner vers le Seigneur dans l'état dans lequel nous sommes. Lorsque le Fils Prodigue décida de revenir, il retourna immédiatement vers le Père, avec l'odeur nauséabonde des cochons avec lesquels il vivait. Il n'a pas attendu de se changer et de mettre des habits propres. C'est le Père qui lui retira ses habits sales pour lui en mettre des neufs. Le Père n'a pas méprisé son fils à cause de son odeur. Il était submergé de Son Amour pour son fils qui était mort et qui est revenu à la vie. Il courut vers lui et le prit dans ses bras malgré le fait que l'odeur du péché était répulsive.

Père Lev Gilet, un moine orthodoxe reconnu pour ses écrits spirituels a dit un jour « tu dois être assuré qu'au moment où tu commets le péché, Dieu t'aime ». Le diable peut essayer de nous convaincre du contraire mais il s'agit d'un mensonge. Ainsi, dès que je tombe, je dois me mettre à genou devant mon Père aimant et lui dire « Père, j'ai péché contre le ciel et contre Toi et je ne mérite pas d'être appelé Ton fils ». Je sentirai tout de suite mon Père me prendre dans ses bras et me réconforter avec tendresse. C'est alors que je me remettrai sur pieds et que je poursuivrai ma lutte avec courage. Il est évident ici que cet acte de repentance ne remplace pas ma confession avec mon père spirituel.

- Le diable peut aussi nous tromper de la sorte « combien de fois as-tu essayé de faire cela ? tu penses vraiment que Dieu va continuer à t'accepter à chaque fois que tu reviens en courant vers Lui ? »

La réponse à lui dire est « oui ! »

Quand Saint Pierre a demandé au Christ combien de fois il devrait pardonner à son frère tous les jours, le Seigneur lui répondit « sept fois soixante-dix fois ». Comment donc penser que le Seigneur qui veut que je pardonne à mon frère « sept fois soixante-dix fois » ne veuille pas me donner la même chance ? À chaque chute, reviens vers ton Seigneur, quel que soit le nombre de chutes. Jamais il ne t'abandonnera.

Un jour, une personne laïque se rendit au monastère et posa la question suivante à un des moines « qu'est-ce qui fait que vous êtes différents de nous, nous qui vivons dans le monde ? ». Le moine lui répondit : « nous tombons, puis nous nous relevons, nous tombons, puis nous nous relevons, nous tombons encore, et nous nous relevons encore ! »

Voici la preuve que nous faisons tous face à la même situation ! Je ne dois pas m'apitoyer sur mon sort quand je chute à plusieurs reprises. Théophane le Reclus nous dit en effet qu'il s'agirait d'un signe de fierté. Je dois considérer ces chutes comme l'antidote envoyé par Dieu pour m'apprendre à être humble. Un des Pères du désert dit un jour « une défaite pourvue d'humilité est meilleure qu'une victoire avec fierté ». Saint Isaac le Syrien nous dit aussi « certaines personnes font la volonté de Dieu par le biais de leurs vertus, et d'autres par le biais de leur cœur brisé et repentant ». Cela signifie que même si je tombe dans le péché mais que j'ai un cœur brisé et repentant, cela plaira à Dieu. Parfois, on se retrouve découragé car après multiples tentatives, rien ne se passe. Ci-après la réponse de l'évêque Chaeremon à la question « combien de temps cela prend-il de gagner la chasteté ? »

« Pour quiconque qui s'est éloigné de conversations inutiles, a banni toute colère, préoccupations et inquiétudes terrestres, n'abuse pas de la nourriture ni du sommeil, mais est convaincu qu'il n'obtiendra rien grâce à ces efforts mais plutôt par la Grâce de Dieu, il n'est pas impossible pour cette personne d'atteindre l'état de chasteté en l'espace de six mois. »

Combien de temps une personne n'ayant pas ce niveau de spiritualité prendrait avant d'atteindre la pureté ? six ans ? si l'on prend par exemple Amma Sarah, elle s'est battue quatorze années avant d'être victorieuse. Parfois, nous aussi pouvons tromper le diable ! L'histoire du moine qui se privait de nourriture et qui était tenté de rompre son jeûne l'illustre bien. Il se disait en lui-même « je dois faire l'effort de prier encore deux psaumes, ensuite je mangerai ». Un peu plus tard, il se disait « d'accord, encore deux et cette fois je mangerai pour de vrai » et ainsi de suite jusqu'au moment où il n'avait plus faim car le diable s'était lassé de la situation ! Je peux appliquer cette pratique dans ma vie dans ma lutte contre le péché en me disant « je vais aller me coucher et je verrai ce qui arrive demain ». Mon combat sera celui de repousser le sommeil jusqu'à être épuisé. Graduellement, je réussirai à rester éveillé davantage et le risque de m'assoupir sera amoindri.

Pour conclure, que faire quand Dieu nous donne la grâce de la chasteté ? L'évêque Chaeremon a une réponse à nous donner :

« Celui qui a acquis la chasteté doit se réjouir de la pureté qui lui a été accordée et doit comprendre qu'il l'a acquise non par son effort personnel ni par ses nuits blanches mais par la protection du Seigneur. Il doit aussi comprendre que son corps persévérera dans la pureté tant que Dieu le permettra par Sa Grâce. Il ne doit jamais mettre sa confiance dans sa vertu propre et ne doit pas se retrouver affaibli par un sentiment d'assurance trompeur. S'il fait cela, il risque d'être souillé de nouveau si la protection divine venait à le quitter l'espace de quelques secondes. Ainsi, le cœur pénitent et humble, il doit prier sans cesse pour que sa pureté persévère. »

CHAPITRE NEUF

Le discernement

Le discernement

Le discernement des esprits est l'un des dons du Saint-Esprit mentionnés dans 1 Corinthiens chapitre 12 verset 10.

La Bible nous exhorte à discerner les esprits « Bien-aimés, n'ajoutez pas foi à tout esprit ; mais éprouvez les esprits, pour savoir s'ils sont de Dieu ».

Il s'agit du don que le Roi Salomon a demandé à Dieu de lui donner « Accorde donc à ton serviteur un cœur intelligent pour juger ton peuple, pour discerner le bien du mal ! » (1 Rois 3 : 9)

Pour Saint Antoine, la vertu du discernement doit être celle que l'on recherche le plus, car sans discernement, la pratique d'autres vertus peut ne pas plaire à Dieu.

Le discernement des pensées

De nombreuses pensées défilent dans l'âme humaine. Ces pensées peuvent avoir une des trois origines suivantes

1. De l'homme lui-même, comme nous dit le Psaume 94 au verset 11

« L'Éternel connaît les pensées de l'homme, Il sait qu'elles sont vaines. »

2. De Dieu (l'Esprit Saint qui demeure en nous) comme évoqué dans Mathieu 10 versets 19 et 20

« Mais, quand on vous livrera, ne vous inquiétez ni de la manière dont vous parlerez ni de ce que vous direz : ce que vous aurez à dire vous sera donné à l'heure même »

3. Du diable comme cité dans Jean 13 verset 2

« Pendant le souper, lorsque le diable avait déjà inspiré au cœur de Judas Iscariot, fils de Simon, le dessein de le livrer » Et dans Actes 5 verset 3

« Pierre lui dit : Ananias, pourquoi Satan a-t-il rempli ton cœur, au point que tu mentes au Saint-Esprit, et que tu aies retenu une partie du prix du champ ? »

Discerner l'origine d'une pensée peut être une épreuve difficile. Une pensée peut venir de Dieu mais peut être suivie directement par une pensée venant de Satan. Un exemple tiré de Matthieu au chapitre 16 nous illustre cela

« Simon Pierre répondit : Tu es le Christ, le Fils du Dieu vivant. Jésus, reprenant la parole, lui dit : Tu es heureux, Simon, fils de Jonas ; car ce ne sont pas la chair et le sang qui t'ont révélé cela, mais c'est mon Père qui est dans les cieux. »

« Dès lors Jésus commença à faire connaître à ses disciples qu'il fallait qu'il allât à Jérusalem, qu'il souffrît beaucoup de la part des anciens, des principaux sacrificateurs et des scribes, qu'il fût mis à mort, et qu'il ressuscitât le troisième jour. Pierre, l'ayant pris à part, se mit à le reprendre, et dit : A Dieu ne plaise, Seigneur ! Cela ne t'arrivera pas.

Mais Jésus, se retournant, dit à Pierre : Arrière de moi, Satan ! tu m'es en scandale ; car tes pensées ne sont pas les pensées de Dieu, mais celles des hommes. » (Matthieu 16 : 21 - 23)

On remarquera ici que dans l'esprit de Saint Pierre, une pensée venant de Dieu a rapidement été suivie d'une pensée de Satan. Saint Pierre ne pouvait discerner l'origine des pensées car il n'avait pas encore reçu le Saint-Esprit.

Quand bien même la Bible nous exhorte à « éprouver les esprits, pour savoir s'ils sont de Dieu », nous ne disposons pas d'une méthode précise pour le faire. Ici encore, tournons-nous vers les Pères du désert dont l'expérience nous éclairera. Ci-après, un résumé de ce qu'ils nous disent

1. Examine la pensée pour voir si elle est remplie de la

Le discernement

crainte de Dieu.

2. La pensée est-elle pourvue de bienfaisance envers les autres ?

3. La pensée est-elle en accord avec le témoignage et les actions du Seigneur et des Apôtres ?

4. La pensée évoque-t-elle paix et tranquillité ? Ou bien est-elle envahie de colère, d'amertume et de tumultes ?

Les pensées, aussi pieuses puissent-elles être, doivent être soupçonnées si elles nous privent de notre paix intérieure.

Combien de fois avons-nous été amené à croire que nous agissions par zèle du Seigneur alors que nous étions en fait en train de succomber à la colère, à la condamnation et à la partialité ? Cela nous arrive car nous omettons l'étape importante qui est d'examiner les sentiments qui entourent et altèrent la pensée.

Un exemple de comment Dieu nous parle nous est donné dans

1 Rois chapitre 19 lorsque Dieu a voulu s'adresser au prophète Élie

« Et devant l'Éternel, il y eut un vent fort et violent qui déchirait les montagnes et brisait les rochers : l'Éternel n'était pas dans le vent.

Et après le vent, ce fut un tremblement de terre : l'Éternel n'était pas dans le tremblement de terre.

Et après le tremblement de terre, un feu : l'Éternel n'était pas dans le feu.

Et après le feu, un murmure doux et léger. »

La voix du Seigneur est un « murmure doux et léger ».

Ce n'est ni un vent violent qui déchire les montagnes, ni

un tremblement de terre, ni un feu. Une pensée cernée par des sentiments de fierté, d'obstination, d'égoïsme, de confusion, d'anxiété, de violence, d'envie et de partialité ne vient pas de Dieu. Puis viennent les pensées émanant de Dieu qui nous remplissent de sérénité, de joie et d'humilité.

5. Si une pensée nous vient avec un sentiment d'urgence et nous sentons que nous sommes obligés de nous y soumettre immédiatement, il vaut mieux être prudent car il s'agit probablement du tentateur. Les signes du Saint-Esprit nous viennent de façon graduelle et non de façon impulsive. Saint Macaire le Grand eut un jour une pensée lui suggérant d'aller visiter les moines de la ville voisine. Cette pensée demeura au fond de lui deux années durant, de peur qu'elle ne soit du diable!

Il se peut que nous passions par toutes les étapes précitées mais que le diable parvienne à nous duper quand même. Le test le plus important à faire pour savoir d'où émane la pensée est de révéler nos pensées à notre père de confession.

Les Pères du désert considéraient ce point comme le plus important pour discerner les pensées. Saint Macaire avait pour habitude de révéler ses pensées à Amma Sarah, une des « mères » du désert. Saint Moïse le Noir, lui, les révélait à Abba Zacharias, qui avait 18 ans mais qui était rempli de l'Esprit-Saint.

Ne faisons jamais confiance à notre propre jugement, surtout s'il s'agit de sujets importants.

J'ai personnellement appris cela en vivant une situation difficile.

Il y a longtemps, au début de mon service sacerdotale, nous commencions un nouveau projet au sein de l'Église qui suscita beaucoup de controverses et qui fit que plusieurs membres de la communauté s'éloignèrent de l'Église. Deux semaines avant le début du projet, j'avais constamment cette pensée en moi qui me disait que l'amour et l'harmonie étaient plus importants que les projets. Je pensais que Dieu voulait que j'arrête le projet et que je réconcilie les personnes qui étaient en sa défaveur. Après avoir parlé aux membres du comité de ce que j'avais décidé de faire, un d'eux me dit « Père, tu nous as toujours appris de révéler nos pensées à notre père de confession, l'as-tu fait ? » J'ai eu honte car j'avais oublié cette étape très importante. J'ai donc appelé mon père de confession et lui ai révélé mes pensées. Il me répondit que cette pensée venait du diable. Il me dit aussi qu'un évêque allait bientôt venir les visiter et que je devrais le consulter avant de prendre la moindre décision. Je suis donc allé le voir et lui ai raconté tout ce qu'il s'était passé. Il me dit « cette pensée vient du diable ». Je me suis senti empli d'humilité et lui demanda : « comment vous et mon père de confession avez-vous pu discerner ma pensée et pas moi ? » Il sourit et me dit : « nous avons juste plus d'expérience ! » Il poursuivit en disant : « le diable veut saboter le projet ; il excite les controverses et fait appel à toi en se faisant passer par l'amour et l'harmonie afin de te convaincre de tout arrêter. Mais voici ce que tu vas faire. Tu vas poursuivre la réalisation du projet et, un peu plus tard, les controverses seront mortes lorsque les gens verront le projet fini. »

Cet incident m'a appris une belle leçon, celle de ne jamais faire confiance à mon jugement personnel sans consulter mon père de confession.

J'espère que cela vous aura également instruit.

Discerner la volonté de Dieu

Parfois, nous nous retrouvons face à des situations où il est compliqué de faire un choix. Prenons pour exemple le choix entre deux universités dans lesquels j'ai été accepté. L'une est dans ma ville et l'autre est plus éloignée mais davantage connue.

Ou encore, j'ai déjà un emploi mais je reçois une autre

offre d'emploi dans une autre ville, ne sachant quelle décision prendre.

C'est dans ces situations que nous nous posons cette question « quelle est la volonté de Dieu pour moi ? »

Savoir quelle est la volonté de Dieu peut être très complexe, sauf si nous suivons les méthodes données par les Pères.

Avant de les passer en revue, demandons-nous d'abord, pourquoi est-il important pour moi de connaître la volonté de Dieu ?

Saint Paul nous dit dans Romains 12 verset 2 « la volonté de Dieu est bonne, acceptable et parfaite. »

La volonté de Dieu est parfaite car elle ne manque de rien, elle est bonne pour moi car elle satisfait mes besoins spirituels, physiques, psychologiques et émotionnels. Dieu connait le futur et sait donc ce qui est meilleur pour moi sur le long terme. En revanche, ma propre volonté est loin d'être parfaite. J'aurais tendance à me concentrer sur ce qui me serait bénéfique sur le court terme sans considérer le futur, que je ne peux d'ailleurs connaître car je suis incapable de prédire ce qui m'arrivera la semaine prochaine.

C'est bien pour cette raison qu'une personne sage doit toujours rechercher la volonté de Dieu quoiqu'elle entreprenne.

Mais comment connaître la volonté de Dieu ?

Théophane le Reclus nous dit que si je souhaite que Dieu me révèle Sa bonne, acceptable et volonté parfaite, je dois renoncer à ma propre volonté. Cela veut dire que je dois prouver à Dieu que je recherche réellement Sa volonté.

Parfois, nous demandons à Dieu de nous révéler Sa volonté alors qu'au fond de nous, nous avons déjà pris une décision. Parfois aussi, nous recherchons la volonté de Dieu seulement si

Le discernement

elle est en accord avec la nôtre.

Si je me comporte ainsi, Dieu ne me révélera jamais Sa volonté.

Théophane le Reclus nous livre cette « parabole »

Si je veux mettre du miel dans un verre qui contient du vinaigre, je dois d'abord jeter le vinaigre, laver le verre, le laisser au soleil pendant quelques heures jusqu'à ce que l'odeur disparaisse et ensuite mettre le miel. Le vinaigre représente ici notre volonté égoïste, irréfléchie et qui, contrairement à Celle de Dieu, n'est ni parfaite, ni bonne, ni acceptable.

Le miel est la volonté de Dieu. A moins que nous nous débarrassions de notre propre volonté, Dieu ne nous révèlera pas la Sienne.

En effet, si nous demandons la volonté de Dieu alors que nous avons déjà consulté la nôtre, nous serons en train de nous moquer de Dieu.

Mais comment faire ? Il existe un exercice appelé la « neutralisation de ma volonté » et en voici la théorie.

Je suis toujours biaisé quand il s'agit d'être en faveur ou contre une certaine chose qui m'intéresse. Par exemple, si j'obtiens une offre d'emploi avec un meilleur salaire, je serai sûrement un peu plus attiré par cet emploi tout en oubliant les mauvais aspects du poste. Ou alors, je suis face à une situation où l'on me demande d'accepter quelque chose que je n'aime pas, ce qui me fait oublier tous ses points positifs. Les préférences primitives que je développe sont souvent basées sur une première impression que j'ai tendance à renforcer en ignorant l'autre côté de la chose.

La solution est de faire tout le contraire.

Prenons l'exemple suivant. J'ai été accepté dans une bonne université près de chez moi mais j'ai aussi une offre d'une autre université plus éloignée de la maison. La tentation de « liberté » me fait tout de suite oublier les aspects négatifs d'être étudiant loin de chez moi. Si je souhaite réellement connaitre la volonté de Dieu qui est bonne, parfaite et acceptable, je me dois de neutraliser mon parti pris en identifiant clairement moi-même les aspects négatifs de l'université éloignée. Je serai loin de ma famille et de mes amis, je vais me sentir seul et entouré seulement d'étrangers. Il n'y a pas d'Église à coté et je vais m'éloigner de mon père de confession vers qui je me tournais dans le besoin, etc.

Ces aspects négatifs sont vrais et je ne faisais que les ignorer à cause de la notion de « liberté », éloigné de la maison et de la surveillance de mes parents.

Si l'on effectue cet exercice avec sérieux, le résultat montrera que je peux être neutre face aux deux propositions qui ont chacune leur côté positif et leur côté négatif.

Le même exemple s'applique à la proposition d'emploi avec un meilleur salaire mais qui requiert pour les enfants de changer d'école, de quitter leurs amis et leur classe de catéchisme et qui m'éloigne aussi de mon service au sein de l'église et de mon père de confession.

La première étape est donc de neutraliser la partialité en identifiant avec sérieux les aspects négatifs et en leur donnant autant de poids que les positifs. Seulement après, l'on peut demander à Dieu de révéler Sa volonté bonne, parfaite et acceptable. L'étape suivante est d'aller voir mon père de confession et de lui demander de prier pour moi pour que Dieu me révèle Sa volonté.

Si je crains que Dieu choisisse l'option à laquelle je suis

Le discernement

moins favorable, cela veut dire que je ne suis toujours pas prêt et que je suis toujours influencé.

Ainsi, si je vais voir mon père de confession pour qu'il prie pour moi mais qu'inconsciemment, j'espère que Dieu choisira une option plutôt qu'une autre, je me suis mal préparé. Il se peut alors que Dieu choisisse pour moi l'option que je préférais avant que je neutralise ma volonté, comme expliqué dans l'exemple ci-après.

Un jeune homme que je connaissais d'Égypte avant de venir au Canada m'a écrit une lettre un jour en se plaignant du fait que toute sa famille avait réussi à immigrer au Canada, sauf lui. Sa demande était en effet constamment refusée par l'ambassade du Canada. Je lui ai donc écrit en lui disant « peut-être que Dieu ne veut pas que tu partes au Canada ». Je lui ai ensuite expliqué comment il pouvait rechercher la volonté de Dieu et comment neutraliser la sienne avant tout. Il accepta mon conseil et se mit à réfléchir aux points négatifs d'immigrer au Canada. Il dit à sa femme « si nous restons en Égypte, notre maison sera celle qui accueillera ma famille à chaque fois qu'ils viendront en Égypte. En plus, nous avons déjà de bons postes ici et nous n'avons donc pas à repartir de zéro au Canada et à passer des examens pour qu'à la fin on nous dise « vous n'avez aucune expérience au Canada ». Nous pourrions nous contenter de partir au Canada en vacances et profiter de la famille pour avoir le meilleur des deux mondes. »

Ils poursuivirent dans cette logique jusqu'à ce qu'ils soient convaincus que rester en Égypte n'est finalement pas une si mauvaise idée, surtout si c'est la volonté de Dieu pour eux. Il m'envoya ensuite une lettre en me disant

« Le même jour où nous nous sommes sentis libérés de notre propre influence et qu'il nous importait peu de partir ou de rester, nous avons reçu un appel de l'ambassade nous disant que notre demande avait été acceptée et que nous devions régler les derniers détails pour le visa.

La beauté de cet exercice demeure dans le fait que chaque fois que nous faisons face à la même situation, nous nous remettons à penser pareil. La seule chose que je me dois de faire est de neutraliser ma volonté, quitte à « l'enterrer » afin que la volonté parfaite, bonne et acceptable de Dieu se révèle à moi.

J'aimerais partager avec vous des mises en garde, n'essayons pas de tricher ! Parfois, nous recherchons la volonté de Dieu, mais lorsque Dieu nous la révèle, nous ne l'aimons pas. Certaines personnes seraient même prêtes à aller voir un autre père de confession tout en espérant que le changement de père change aussi la volonté de Dieu ! Une autre problématique à laquelle nous faisons face est la suivante ? Nous ne savons pas quelle est la volonté de Dieu et ce que nous sommes amenés à faire c'est de rechercher notre propre volonté en priant Dieu de nous donner ce que l'on veut.

Cela peut être désastreux, surtout en ce qui concerne le mariage.

L'évêque défunt Anba Poemen m'a raconté un jour l'histoire d'un jeune homme qui venait toujours le voir à cause de problèmes conjugaux avec sa femme.

Un jour, l'évêque, frustré, lui demanda « as-tu prié avant d'épouser cette fille ? » et l'homme lui dit « j'ai prié pendant six mois ! ». L'évêque lui répondit « qu'as-tu dit à Dieu ? » et l'homme lui répondit « Dieu, s'il te plaît, fais que j'épouse cette fille ! ».

Accepter la volonté de Dieu comme étant la meilleure option pour moi n'est pas un concept facile pour les jeunes. Une jeune femme me dit un jour « j'accepterai la volonté de Dieu dans toutes les situations, sauf en ce qui concerne le mariage ! » Je lui demandai alors pourquoi et elle me dit « car je sais que la volonté de Dieu sera pour moi de me marier avec un diacre-professeur de catéchisme et avec qui je m'ennuierai toute ma vie ! ».

Je lui dis alors « Dieu ne peut-il pas choisir pour toi un diacre-professeur de catéchisme avec qui la vie sera drôle ? »

Un autre jeune homme qui assistait un jour à une conférence dont le sujet était « la volonté de Dieu dans mon mariage », se leva soudainement en objectant à une de mes propositions.

Il me dit « quand il s'agit de mariage, je veux être maître de ma propre destinée ! » je lui répondis alors « si tu ignores la volonté de Dieu dans le processus de choisir ta future femme, alors tu deviendras le maître de ton propre désastre ! »

J'aime donner aux jeunes cette parabole « la vie est comme une barque sur laquelle deux personnes doivent travailler. L'une pagaie et l'autre doit se charger de diriger la barque. Une personne sage donnerait le contrôle de la direction à Dieu en disant : Seigneur, prend le volant et je m'occupe de pagayer ! »

Malheureusement, il nous arrive souvent de vouloir absolument diriger et de demander à Dieu de pagayer.

Un avantage à accepter la volonté de Dieu est que, quoi que la vie nous amène sur notre chemin, je n'aurai pas peur, car étant convaincu qu'il s'agit de la volonté de Dieu pour moi, alors je saurai que cela m'est bon, parfait et acceptable, même si, sur le court terme, la situation peut ne pas me plaire.